U0634757

高校财务管理与内部控制研究

李 蕊 孟 雅 白钰杰 ◎著

吉林出版集团股份有限公司|全国百佳图书出版单位

图书在版编目（CIP）数据

高校财务管理与内部控制研究 / 李蕊, 孟雅, 白钰杰著. -- 长春 : 吉林出版集团股份有限公司, 2023.6

ISBN 978-7-5731-3497-4

Ⅰ.①高… Ⅱ.①李… ②孟… ③白… Ⅲ.①高等学校—财务管理—研究—中国 Ⅳ.①G647.5

中国国家版本馆CIP数据核字(2023)第114637号

高 校 财 务 管 理 与 内 部 控 制 研 究

GAOXIAO CAIWU GUANLI YU NEIBU KONGZHI YANJIU

著　　者　李　蕊　孟　雅　白钰杰
出 版 人　吴　强
责任编辑　蔡宏浩
装帧设计　万典文化
开　　本　787 mm× 1092 mm　1/16
印　　张　8
字　　数　130千字
版　　次　2023 年 6 月第 1 版
印　　次　2023 年 9 月第 1 次印刷

出　　版　吉林出版集团股份有限公司
发　　行　吉林音像出版社有限责任公司
　　　　　（吉林省长春市南关区福祉大路 5788 号）
电　　话　0431-81629679
印　　刷　吉林省信诚印刷有限公司

ISBN 978-7-5731-3497-4　　　　　　　　　　定　　价　55.00元

如发现印装质量问题，影响阅读，请与出版社联系调换。

PREFACE

前　言

随着社会各行业对人才需求量的增加，高校在教育领域不断进行着优化创新，而在这一背景下，原有的财务管理体系暴露出了许多问题和不足。另外，在高校中各种基础设施的采购以及学术研究等需要耗费大量的资金，这就对资金的合理分配提出了更高要求，因此，如何提高高校内部的财务管理水平、加强对其控制力度成为了高校亟须解决的问题之一。

本书从高校财务管理的特征入手，根据现代高校财务管理的基本理念，介绍了高校财务管理的基本理论、高校财务管理模式、高校财务管理制度，并探讨了高校预算管理的基本内容，同时对高校资产管理、高校财务绩效管理进行了详尽的叙述，深刻反映了高校财务管理方面存在的新问题、新思路和新策略。与此同时，笔者试图通过对高校财务内部控制设计中存在的问题进行深入剖析，揭示问题存在的症结，从源头入手，对高校财务内部控制环境、财务信息系统业务控制、我国高校投融资内部控制体系的构建以及高校财务风险预警体系的构建做了详细的介绍，为高校财务的内部控制提供了理论指导。本书整体架构清晰，逻辑顺畅，条理分明，易于理解，便于财务管理与财务内部控制相关人员学习。

为了提升本书的学术性与严谨性，在撰写过程中，笔者参阅了大量的文献资料，引用了诸多专家学者的研究成果，因篇幅有限，不能一一列举，在此一并表示最诚挚的感谢。由于时间仓促，加之笔者水平有限，在撰写过程中难免出现不足的地方，希望各位读者不吝赐教，提出宝贵的意见，以便笔者在今后的学习中加以改进。

CONTENTS

目 录

第一章　高校财务管理概述

第一节　高校财务管理的目标

高等院校进行财务管理应有明确的目标和规划，其目标以高校发展为根本遵循，紧紧围绕高校发展总目标开展工作。高校财务管理目标需要根据高校的总发展目标进行调整或重新规划，目标应根据高校的公益性、教育性、服务于国家的特定内涵，从以下几个方面进行阐述。

一、基本目标——确保高校各项经济业务良性运行

高校财务管理部门作为高校的二级职能部门，实现高校各项经济业务良性运行、风险可控是其基本职能。建立严格规范的财务管控系统并有效落实是高校各项经济业务良性运行的基本保障。建立完善的管理制度和实施有效的控制手段是做好高校财务管理工作的基本前提。只有建立了运行有效的财务管控系统，加之持之以恒地大力推进、有效落实，才能助推高校教育事业蓬勃发展。反之，将会制约高校良性运转，因此，建立行之有效的财务管控系统对高校来说至关重要。

二、发展目标——助力高校治理现代化建设

高校财务管理部门作为高校的二级职能部门，在高校推进治理体系、治理能力现代化进程中，该扮演什么样的角色，发挥什么样的作用。新形势下高校财务管理工作要在高校治理现代化进程中发挥应有作用，首先要自我改革和发展（即高校财务管理工作首先要实现财务治理现代化）。高校财务治理现代化如何实现，高校财务管理部门应从哪些方面着手开展工作，本节进行了详细的论述和探讨。

三、高校财务管理目标实现的影响因素

时代在进步，社会在发展，新时代高校财务管理工作已经发生了翻天覆地的变化，高校财务管理工作正向资金运营安全化、管理模式多元化等方向迈进。因此，高校财务部门开展实际工作过程中，要不断强化高校财务管理质量与手段，从关注资金使用进度向关注

资金效益转变。通过深化机制、体制改革，强化财务管理专业人员队伍建设，完善财务分析、评价、考核等途径推动高校财务管理目标实现，从而推进高校教育事业良性运行。作为高校经济业务和管理活动开展的基础与支撑，高校财务管理工作必须要制订周密的财务工作计划，并随着社会经济建设的需要、高校教学、管理工作实际情况进行调整。

（一）适应社会效益变化

现阶段，我国高等教育运行机制正由关注传统社会效益向服务于经济社会建设转型，传统的教育、教学机制和财务管理理念正逐渐被颠覆，更为有效的财务管理模式应运而生，从实际应用的视角实现单纯的教学服务向教学效率的多角度提升转型，为后续的管理领域的拓展奠定基础。

（二）适应融资渠道变化

过去，政府财政资金投入是维持高校正常运转的主要资金来源。现阶段，原有的单一筹资体制已不能适应新形势的发展，筹资渠道的多样性正成为高校发展的必然选择。高校在选择筹资渠道和进行多渠道筹资过程中，必须充分考虑主客观情况，从学校实际出发，做到既积极又稳妥，避免债台高筑，引发债务危机。在筹资方案的取舍方面，要客观衡量不同渠道筹资的风险，避免盲目筹资，要充分比较不同渠道筹资成本，确定最佳资金结构，力争实现资金成本最小化，要建立有效的筹资组织，要在"开源"的同时抓好"节流"，最大限度提高资金使用效益。高校财务部门应及时转变管理理念，充分结合学校实际情况，对筹资方式、筹资组合充分论证，制定科学有效的筹资方案。偿债计划的制订要考虑学校的实际偿债能力和偿债成本，确保获取所需资金的同时，做到风险可控。高校财务管理部门在做好日常财务管理工作的同时，加强各部门协调联动，最大限度盘活学校各项资源，提升学校融资筹资的吸引力，为学校能够获取更多更优质的资源奠定基础。

因此，高校财务部门应加强政府债券政策的学习、领会，弄懂、弄通债券发行的内涵和政策背景，熟练掌握债券发行的条件和步骤。根据学校实际需要，充分考虑偿债能力，申请发行做好翔实的偿债计划并确保落实到位。对近年来高校发展过程中遇到的资金瓶颈以及政策变化，高校财务部门应及时转变工作思路，积极运用政策红利，在筹措所需资金的同时，强化资源整合，内培外引，真正实现良性运行。

（三）强调教育成本的转变

为有效提高资金效益，高校财务管理部门在开展常规工作的同时，要不断引入成本理念，为高校教育成本核算、分析、评价提供了制度和政策支撑。高校财务部门应加强政府会计制度、事业单位成本核算基本指引的学习，不断强化成本理念，明确成本内涵，将有效成本控制、成本效益提升作为主要的管理目标，不断探索提升整体办学效率的方法，充分发挥人、财、物整合的杠杆作用，着力推进高校教学水平、教学质量的提升。

（四）重视绩效分配的转变

当前，高校财务管理分配理念向预算绩效管理转变。这种理念的转变是中国高校财务管理发展的重要成果，也是助力整个国民经济社会效益稳步提升，贡献巨大力量的有力见证。因此，高校财务管理部门要进一步强化对高校绩效分配考核、考评体系的深入研究，为高校营造和谐生态氛围做出贡献。

第二节　高校财务管理的内容

高校财务管理的本质就是高校控制经济活动实现财务目标的过程，即高校财务控制，其内容涵盖资金筹措、资金分配和资金使用，涉及测算、分析、评价、决策、实施、控制及监督等多个环节。财务控制与财务管理密不可分，财务控制围绕财务管理目标对所有的财务管理行为进行管控。

一、资金的筹集

高等院校有多个筹集资金的渠道，其中最主要的就是政府财政拨款、学费收入，另外还可以通过申请科研资金、接受社会资助等。所筹资金的预测和实施是筹资管理的重要环节，即高校的财务管理需预先做好筹资方案，对筹资项目和筹资总额有正确的预估，然后再落实筹资活动，获取所需资金。

二、资金的分配

高校资金的分配主要是结合高校发展的规划、财务资金预算要求对高校的财务资金支出进行合理的规划与安排。

三、资金的使用

这项管理活动以资金分配为前提，主要体现在对支出资金的管控。按照项目资金预算落实资金投入，并在使用的过程中严格监控资金动向，把控资金流向。资金的使用涉及财务管理中的控制和分析，控制各种情况的预算支出，对资金的使用情况做出分析评估并纳入考核。

第三节 高校财务管理的理论依据

一、权变理论

(一) 权变理论的内涵

20 世纪 70 年代，企业处在极其不稳定的经济环境中，以往普遍适用的各种管理理论在这时力不能支，人们逐渐发现仅凭一套"最佳"的管理方案就能够解决眼下的经济发展问题已不可能，必须根据实际情况因势利导，运用各种适合的管理方式处理各项问题，形成所处环境决定管理方式的理论，即权变理论，这种理论受到广泛重视。

权变理论的核心是指世界上没有一成不变的管理模式，认为无论是内在条件还是外在因素，不同组织都不相同，因此，在进行管理时没有任何原则或管理方法能够应对所有情况，企业在进行实际的管理决策时，应综合考虑自身的内部和外部的发展情况随机应变，而不是寻求一劳永逸的管理方法。管理不仅是一门理论，还是一种具有强大的实操性的技术，更是一门艺术。权变管理能够体现出管理的艺术，高明的管理艺术具有善于应变的特点，能够在瞬息万变的外界环境中根据自身状况，及时调整应变决策，抓住各种发展时机进行发展。

权变理论是一种行为理论，认为没有哪种办法在组织企业、制定决策等方面是最好的管理策略。这种行为理论的组织形式和领导团队的决策更多的受企业内、外因素影响。

(二) 权变理论与高校财务管理

高校是一个系统工程，在这个系统中，管理对象在不断变化，管理理论和技术也在不断发展。这不仅指高校管理所遵循的教育学、教育管理学等理论在发展，而且与高校管理理论有关的其他学科，如系统论、控制论、信息论、电子计算机理论等，也在不断地充实高校管理理论。

权变理论的核心理念是实施动态管理，权变理论中认为并不存在某种管理方式能在其不变的情况下满足任何发展阶段的需要，强调从持续发展的角度灵活进行管理工作。对于高等院校的财务管理来说，在权变理论中最基本也是最精华的三个观点分别是：①管理无最佳模式，指的是对于学校的财务管理而言，通用于所有发展阶段且效果最好的管理办法并不存在；②情境管理，在同一情境中并非所有的管理方法都能够产生相同的效果，其发挥的影响和作用与情境的实际情况及结构设计息息相关，还与方式本身和情境的联系有关；③具体问题需要具体分析，在选择管理方式、制定相关决策时都必须先仔细分析所处情境中发生的重大事件。因此，高校的财务管理应将权变理论作为重要依据，根据自身的实际发展情况，结合发展目标，灵活选择、应用和调整管理办法，保持学校的管理处于稳定、健康的状态，以便能够在外部环境发生变化时及时做出相应调整，使学校进一步完成创新，顺利发展和改革。

随着高等教育体制的不断改革，经济市场越来越复杂化，高校面对着高风险、高收益的经济市场，在原来公益性、非营利的属性基础上增加了产业性属性，虽然主要资金来源还是国家投入，但逐渐形成了多元化筹资模式，现已发展成了多元化的筹资主体。处于市场经济背景下的高校虽开辟了多领域、多渠道的筹资渠道，但作为公益性的教育单位，高等院校是不可以完全依靠举债获得发展资金的，也不可以过分扩张导致财务危机，应在经费短缺和规模、发展的双向矛盾中构建科学的财务管理模式，有效利用有限的资源保障学校的正常运转和教育事业稳定发展。

二、委托代理理论

（一）委托代理理论的起源

20 世纪 60 年代末至 70 年代初，众多经济学家就企业内部信息不对称和对代理人的激励问题发展出来了委托代理理论，该理论是契约理论发展以来产生的最重要的一项，用于企业分析，被广泛应用于各个社会科学领域。这项理论的中心任务就是，在信息不对称和利益冲突的双重不利形势下，研究委托人该如何做出最优契约计划来激励代理人。

现代经济学之父亚当·斯密的《国富论》与委托代理理论有很大的思想渊源，他在这本书中阐述了与企业管理相关的观点，他认为在股份制公司中由于使用的资源、资金都不属于自己，因此，经理人不可能像合伙人一样能做到自觉管理企业，会导致管理松散、资源浪费等现象的发生。这种观点就涉及了代理问题，将投资者和经理人不一致的利益问题揭露出来。到了 20 世纪初，这种问题因大量大规模开放型公司的出现变得非常突出。如果管理主体的控制权与所有权一直处于分离状态，极有可能会导致管理者对管理主体权益的侵蚀。因此，管理主体对管理人即代理人的有效监管、控制措施成了众多经济学家研究的话题。

（二）委托代理理论的基本观点

委托代理问题的出现究其根本原因就是信息不对称。在经济发展和分工专业化的共同作用下，委托代理关系随之产生。委托代理关系是一种契约关系，当委托人和代理人获取的信息完全对等且共同分担经营风险时，二者就形成了最优契约关系，这种情况下代理问题不会出现。但在现实社会中，二者的信息具有非对称性，且目标函数彼此不同，无法满足最优契约的条件，导致代理问题的出现，在这种情形下，代理人的全部行为由委托人负责。

信息对称时，委托人能有效获知代理人的各种行为，代理人也能够预知委托人对自身行为的奖惩措施，因此会严格自我约束，代理问题出现的概率大大降低。而当信息不对称时则相反，委托人无法及时获知代理人的行动，也无法剖析导致代理人发生行为的内部、外部各个层面的原因而做出相应对策，只能通过建立合同、契约激励代理人实现自己的发展目标。

企业内部的委托代理关系一般是股东与经理层的关系，即委托人和代理人的关系，也可以说是企业所有者和经营者的关系。但实际上，每一个管理层级都存在这种委托代理关系，企业可以看作委托代理关系多重集合存在的集合体。委托人通过采取预算限制、审计监督、激励制度、设定权限额度等必要的监督和保证措施有效降低代理成本。

（三）委托代理理论与高校财务管理

我国高校管理中委托代理关系有两种，第一种是上级主管部门与高校的代理关系，第二种是高校内部上下级之间的代理关系。对于第一种委托代理关系而言，上级主管部门是委托人，高校则为代理人的角色，当信息不对称时，高校的利益将随着其发展独立出来一部分，导致二者利益不一致。在第二种关系中，学校为委托者，其上级和下级皆为代理者。

我国高校财务管理体制围绕两个核心进行改革：第一点是赋予高校管理者最大的自主权，使其能够做好高校财务管理工作；第二点是以保证国家利益为前提，监督并约束高校财务管理者的一切行为。在实行高校财务管理工作中，应坚持权利、责任、利益三点统一，建立完善且有效的激励机制和约束策略，以使代理人发挥最大的积极性和能动性，按照委托人的要求开展管理行动，预防代理人利用信息优势滥用职权牟取私利。

高校主要的激励机制为报酬，包括工资绩效及岗位津贴等。固定工资是其中最为稳定的收入项目，是所有职工的基本保障，在一定程度上满足了高校职工规避风险的要求，但其对高校职工的激励作用十分有限。绩效与代理人的能力、业绩、品德及工作态度息息相关，有较大的促动作用，但也存在一定缺陷，容易导致职工的短视行为。固定工资、岗位津贴，加上科学考核绩效，能够最大限度激发职工工作热情。

现代公司制企业的高级管理阶层通常由董事会、股东大会、监事会及经理人员构成，各个层级部门权力分离，互相制衡，最后由企业法人综合治理。该管理模式充分体现企业所有者、其他利益相关者和高层管理人员三者之间的牵制关系。在这种管理模式中，企业所有者与其他利益相关者通过相关约束性的规章制度对高层经理人员形成了有力的约束。高校的管理机制与之相似，需要在高校内部建立完善的监督机制和约束机制，依照相关法律法规建立行之有效的管理制度，实现政府和高校、高校和二级部门、职能部门与职工的权利分离，真正建立各个层级之间的有效制衡、有效监督。

三、集权和分权理论

（一）集权和分权理论的含义

组织中集权和分权应参与渗透到决策的过程中，组织集权做出的决策才是有效的，同时，分权对于组织内的决策过程也十分必要。并不是只有直线指挥人员具备制定决策的权利，应在决策过程中综合考虑参谋人员和直线人员提出的决策建议，预估决策结果选择最终的决策方案

（二）集权和分权理论与高校财务管理

我国高校财务管理机制采用集权制，财务的决策权掌握在校级领导层。高校在进行财务管理时，若按各个学院的发展预算实行资金的划分，学院无法灵活使用资金，办学的积极性将大量消减，不利于学校的整体办学和发展；若学校放大各个学院的权力，则有可能导致学院各自为政。因此，学校只有在这两个问题之间找到平衡的办法，才能够解决这一管理问题。在学校资金全部纳入财务大账统一管理的前提下，可以下放给学院以下几项相关管理权：①在财务收支计划与学校预算一致的情况下，学院将获得学校分配的预算经费和其他资源；②当学院的各项经费管理办法与学校层面没有冲突时，学院有权进一步细化二级管理的实施细则；③当学院的经费实行学校统一管理时，学院获得管理本级经费的权利。高校无论采取何种财务管理机制，都应与自身规模、性质及其他各项资源相匹配，充分考虑自身财力状况，建立适合自身持续发展需求的财务管理体制。

四、管理幅度理论

（一）管理幅度理论的含义

管理幅度即直接向管理者汇报工作的下级人数，也被称作控制宽度，这个概念最先由古典管理学派提出。20世纪30年代，英国从各个代表性观点中，归纳总结出了八项组织管理工作的原则，管理幅度理论占据其一。领导人员管理的幅度有限，直接下属最好不超过5~6人。现代组织理论吸收了之前的各种研究成果，明确了管理幅度的指导思想，即管理幅度有限。有效管理幅度受几个基本变量影响，包括管理者、被管理者的工作内容、工作能力、工作性质、工作环境、工作条件等。

（二）管理幅度理论与高校财务管理

高校的财务管理同样可以应用管理幅度理论。改革之前，高校的管理体制一直存在规模小、职工少、职能不全及管理简单的特点，因此可以被集中管理，统一领导，高校的财务管理与此相符，财务的一切管理权力高度集中于学校的校级管理部门，对以下两个方面有积极的影响：一方面，资源集中管理，以便学校好办事，办大事；另一方面，提高了高校对下属单位整体的宏观调控能力，有助于高校各项事业发展。高校的规模随着扩招而不断扩张，学校的建设更加丰富，高校的管理也将日趋复杂，这时，从客观上来讲，原本的管理模式会导致管理效率很低。因此，高校为加强管理，就必须对管理幅度进行调整，丰富管理层次，将管理重心向下转移到下属学院中，使其拥有财务权及人事权。高校和下属学院之间实施两级财务管理模式的目的，就是制定出最佳的财权分配方案，同时满足高校调控学院和学院自主进行财务管理的需要，促进各个学院办学的积极性，提高学校资金、资源的利用效率，实现"宏观调控，微观搞活"的管理效果。只有重新构建高校内部的组织结构，根据各个学院的情况重新划分其功能，将高度集中的财务管理权力下放各个学院。

第二章　高校财务管理模式

第一节　高校财务管理模式的现状与问题分析

当前我国高等院校普遍使用的财务管理模式有统一领导下的集中财务管理模式和统一领导下的分级财务管理模式。两种财务管理模式都是伴随着我国经济社会的发展及高校规模的扩大和水平的不断提高逐步应用的。

一、高校财务管理模式的现状

根据参考的大量文献资料以及统计数据分析，我国大多数高校在财务管理的模式上实行的是以财务科为财务管理核心的单级财务管理模式。也就是说，一般的高校都会设立一个部门（如财务科），而学校的财务管理工作全部由财务科实行单一级别的管理方式。但是在一些大的学校，由于二级院系较多，就有可能存在二级院系、学校部门和财务部门之间很难达到协调一致的情况。各个部门（院系）都从自身部门（院系）的职责、实际情况和利益出发，无法在真正意义上达到平衡。另外，国内许多高校的财务部门的工作重点都放在财务预算的编制与审核上，而忽视了财务预算下发后的管理以及财务的执行状况，特别是在财务预算的管理上缺少理财意识和效率观念，往往导致预算的编制成为财务部门的主要工作。而在财务预算的支出上，财务部门无法切实根据二级院系的实际情况做出科学的编制，没有能够明确财务预算的分支，财务预算的整体也缺乏必要的科学标准，如果单纯依靠财务部门的财务数据进行分析，无法满足各部门和院系的实际需要。而我国高校长时间使用"报账"财务管理制度，而没有对财务的预测和财务的分析进行有效控制，更没有从学校的办学成本和经济效益角度进行分析，对高校的融资行为和负债能力进行合理的测算，这一系列的不足就会导致高校在财务管理工作中出现财务决策的偏差及不合理和不科学的状况。

随着高校财务管理模式的不断探索和发展，一部分高校在财务管理上也开始有所创新。一些高校在财务部门设置了"经费使用定额包干"制度，但是在执行过程中还存在不完善。特别是在资产管理上，很多高校的用地是政府划拨的，是无偿的，国家也不要求对划拨的这部分土地进行作价，高校也往往没有按照自估价入账，这就导致会计制度与学校的实际资产不相符，土地资源等没有登记入账。

在融资方面，许多高校在进行校区建设时，一般都会遇到建设资金方面的巨大困难，而工程款也通常会拖欠。这样就使得在建设时，对于已经使用的学校建筑物因为工程没有结算而不能正常统计到固定资产中，使得有使用价值、已经使用的建筑没有体现实际的账面价值。国外许多国家对于职业教育从国家层面给予了大量的财政扶持，所以学校的资金较为充足。而在我国，国家对于高校的投入会存在一些投入不均衡的现象，这就导致了高校的财务管理活动，特别是高校在学校融资的方式中，政府投入仅仅占到很少的一部分，学习融资一般情况下都是以自筹为主。根据高校财务管理的理论，在学校内部，财务管理的监督机制是必不可少的。有效的财务监督机制是学校整体内控的重要方面，更能够保证高校财务活动的合理性与科学性。而高校财务管理中，如果财务内部控制工作无法落实，那么财务管理就无法发挥应有的作用。所以，我国目前高校财务管理的模式还有很多不足之处，而在现有的背景下，如何改革高校财务管理的模式，发挥高校财务管理工作的科学性，实现高校财务工作的有效运行，就成为学术界和高校管理界的研究重点之一。

（一）统一领导下的集中财务管理模式

统一领导下的集中财务管理模式，强调的是在学校的统一领导下，学校层面对整体的财务工作进行集中管理，学校层面会根据学校的教学、行政和其他工作的具体情况进行统筹安排和使用各项经费。这种模式建立在学校的整体财务管理控制的基础上，统一编制学校的财政预算，统一制定学校经济与财务管理的指导思想，对学校的资源进行有效配置。集中的财务管理模式还主要表现在，高校财务核算与财务审批权的集中管理、学校财务管理制度和财务执行的集中管理。

统一领导下的集中财务管理模式，一般情况下在学校设置一个统一的财务部门，如财务科（会计部）等，这个部门对学校所有的经费进行管理，对学校内部所有的财务事务进行领导与管理。学校的其他部门和二级院校的财务活动必须经过财务科（会计部）的审核，做到学校财务权力的统一和集中。在机构上，只设立这一个机构，没有其他同级别的机构，在二级院系中也不会设立会计部门。

（二）统一领导下的分级财务管理模式

统一领导下的分级财务管理模式一般存在于规模较大的高校，是指在学校的统一领导下，学校各单位根据学校统一制定的财务管理制度进行权力划分，学校层面和各单位层面对财务实施的是分级管理。在统一领导下的分级财务管理中，各个二级院系和部门可以在学校内部的财务制度的前提下，根据实际情况对学校分配的资源和资金预算按照需要进行合理的使用。

分级管理的财务模式并没有将财务管理的权力直接下放给二级院系和部门，而只是下放权限，二级院系和部门并没有实际拥有学校的经费。整个学校的实体资金还是统一由学校的一级财务部门进行管理，一级财务部门对学校预算的资金进行监督。二级院系在实施管理时，可以自行制定财务规章制度，但是必须由学校层面统一领导。

（三）两种财务管理模式的比较

通过对统一领导下的集中财务管理模式和统一领导下的分级财务管理模式的分析可以看出，两种财务管理模式都是伴随着我国经济社会的发展及高校规模的扩大和水平的不断提高逐步应用的，两种模式各自的特点是进行比较分析的基础。

在一般情况下，统一领导下的集中财务管理模式可以加强学校对于财务工作的集中管理，能够做到更有效地分配和使用资源，保证学校能够把有限的资源尽可能地进行统筹安排、合理规划，保证学校日常的教学工作顺利进行。根据研究发现，统一领导下的集中财务管理模式有利于学校将经费更多地投入学校的教学和科研工作中，切实做到将经费用到实处。对于学校财务管理的整体工作来说，统一领导下的集中财务管理模式也便于学校对于财务预算整体编制进行合理的控制，保证学校财务工作的整体运行。但是我们也可以看到，统一领导下的集中财务管理模式过分地把学校的财务管理放到了学校一级，导致权力的过度集中；对于二级院系来说，限制作用较大，缺乏必要的激励机制，也不能真正做到从二级院系的实际情况出发，限制了二级院系的积极性。当前，高校之间的竞争越来越激烈，除了传统意义上的学历教育，非学历教育和专业培训等方面的内容也成为高校之间竞争的内容之一。而高校的教学和科研工作是在二级院系进行的，所以学校应该下放部分财务管理的权限，使部分二级院系能够有一定的经济权限，更好地做好科研与教学工作。

而统一领导下的分级财务管理模式在权力的集中与分散中找到了一个平衡点，在一定程度上，在现有高校经费紧张的前提下，可以有效给予二级院系部分经济和财务权限，二级院系可以根据实际情况进行合理的分配和使用，有利于提高二级院系的积极性。二级院系在日常的财务管理工作中，尽可能地做到预算的合理使用，有利于学校财务部门与院系的良好沟通，有利于学校财务工作的开展。但是统一领导下的分级财务管理模式也有其不足之处。当二级院系有一定的财务权限时，学校的财务管理部门如何进行有效的财务管理、对二级院系的财务活动进行有效的监督和控制便成为问题，而且这种管理模式容易造成二级院系的利益与学校整体利益相冲突，反而不利于学校财务工作的长远发展。当前学校财务工作的内控机制不到位，容易造成资金的使用不到位甚至违纪。部分实施统一领导下的分级财务管理模式的高等院校，在财务部门的机构设置上也存在一定的矛盾。例如，学校层面设有一级财务管理部门，而二级院系需要设立二级财务管理人员，二级院系的财务管理人员在人员管理上是服从于二级院系的，但是从工作角度来说又直接隶属于一级财务管理机构。所以，这种较为混乱的管理层级，容易造成管理不畅。双头管理也更容易造成一级财务管理部门的监督职能不能得到充分发挥。所以，统一领导下的分级财务管理模式也不能完全在高校中推行。

综上所述，统一领导下的集中财务管理模式和统一领导下的分级财务管理模式在一定层面上都有其优势，但也同时具有不足之处，而二者的集中矛盾主要体现在财务权力的集中还是分散上。这也就需要高校结合自身发展情况，尽可能地选择适合自身工作的财务管理模式。前面也从两种财务管理模式的比较分析中明确，对高校财务管理模式进行创新，除了要尽可能在财务权力方面达到平衡之外，还要更适合高校的发展和人才培养机制。

二、高校财务管理现存问题

（一）领导体制不完善

第一，经济责任难以落实。不管是"统一领导、集中管理"模式，还是"统一领导、分级管理"模式，我国高校财务管理体制都必须"统一领导"，也即学校财务工作实行校（院）长负责制。然而，一旦出现投资失误或资金流失，校长、副校长和财务处长、基建处长、资产处长等谁应负什么责任，谁是第一责任人，模糊不清。"统一领导、分级管理"虽然在一定程度上理顺了校内财务关系，但是"高校二级院系主管基本上只是享受权利，而无实质义务，经济责任根本没有真正落实到人"。

第二，总会计师定位笼统。虽然《高等学校财务制度》进一步明确了总会计师的职权职责，但是仍然定位笼统。总会计师协助校（院）长管理学校财务工作，也意味着总会计师接受"统一领导"，只是校（院）长的"财务助理"；总会计师承担相应的领导和管理责任，也没有从实质意义上规定其具体行为责任。总之，高校总会计师被定位成战略意义上的财务管理策划者以及方向意义上的财务实施理念引导者，没有具体的行为准则和工作内容，显得有些笼统。另外，在实际工作中也可以看到，有的高校管理者不愿意总会计师参与财务管理，有的总会计师也身兼数职，影响其自身功能的发挥。

（二）运行机制不科学

第一，财务资源配置繁杂。从现实情况看，高校在一级财务机构下设置后勤、科技开发、校办产业及基本建设等部门的二级财务机构，这样一来，高校就会出现财务资源配置繁杂的局面。首先，分级管理的最直接结果就是学校形成一支庞大的会计队伍，并且这些人员来自不同级别的财务机构，数量较多容易造成财务人力资源利用效益不高。其次，高校内部财务管理工作人员需要一定的办公空间和基本设备，而会计人员的庞大和管理单位的增多无疑会扩大高校财务部门的物质基础建设。

第二，高校财务集中管理的优点在于统一的财务方针政策、财务规章制度及财务事项，便于管理和执行，而分级核算由于各个财务单位和组织整体不一，管理难度加大，学校内部财务正常运转效率难以提高。

第三，绩效评价管理缺乏。《高等学校财务制度》第二十九条明确要求高校应当加强支出管理，进行支出绩效评价。但目前，我国大部分高校财务管理只注重事前预测和事中控制，缺乏事后控制，其实事前预测只是一种预算管理，而事后控制则属于绩效评价，在此意义上，事后控制才具有指导、激励、明示的作用。绩效评价能够根据指标计算出资金的使用效率，量化财务责任人的考核结果，这也正是我国高校财政管理体制所缺乏的。

（三）队伍建设不重视

受固有体制和传统思想的影响，高校财政管理队伍建设仍然得不到应有的重视，这在一定程度上造成了财务管理人员素质不高，尤其在管理方面表现得更为突出。一方面，高校财务管理人员受陈旧思想的影响，只热衷于财务核算，"缺乏正确的效益观念和理财意识"，缺乏对高校综合服务能力、校内各部门资源配置与利用能力、学校对外投资收益能力、高校社会贡献能力等的分析，而这些正是当今高校财务管理体制所急需的；另一方面，随着知识型社会和信息化时代的到来，知识更新周期变短，而高校一部分财务管理人员缺乏了解新知识、掌握新技术的积极性，并且学校财政主管领导和部门也无心组织培训和考查，不重视财务人员队伍建设，跟不上我国高校改革的步伐。

（四）高校财务管理职能与其他部门职能交叉，边界不清

目前，我国高校与资源相关业务主要有财务、人事、基建、资产、设备和图书六个方面，它们分别由六个部门管理，并且信息处理系统各自独立运作。各高校的这六个部门都必须分别向上级主管机构报送数据，按照各部门的要求，建立各自的信息处理系统。这样的业务体系存在管理机构重叠、资源管理分散、浪费人力、资源利用难以统筹等弊端。而财务部门仅承担预算控制、会计核算和现金出纳等财务职能。受传统体制和管理职能的影响，高校财务管理的预算管理认识没能提到应有的高度上，主流的观点认为学校预算管理就是预算编制，高校预算管理只是财务部门的事，这导致高校预算管理存在以下几方面的问题：第一，预算失真。各部门上报预算数据准确度低，且高校一般采用"基数增长法"来分配预算经费，实际执行中只能增不能减，造成了部门经费的浪费，支出不能合理控制。第二，预算支出监管不力。预算编制和批复未能及时到达项目，造成预算下达晚、执行慢，大量专项资金集中在第四季度进行支付，这就给财务监督造成很大困难。第三，预算管理奖惩机制还没有形成。节约的没有奖励，超支的没有惩罚，造成资金利用效率低下，部门之间资金矛盾加剧。

现阶段，高校财务评价指标体系仍缺乏综合财务能力分析，缺乏校内各部门资源配置与利用能力分析，缺乏资产运用效率分析，缺乏对外投资收益能力分析。

第二节 高校财务管理模式创新思路

一、高校财务管理模式创新的基本原则

（一）必须坚持"宏观主控，微观适调"的原则

为了克服计划经济条件下财务管理模式的弊端，在确立财务管理模式时必须坚持"宏观主控，微观适调"的原则。因为在分级管理模式下学校各单位不是独立于学校财务管理部门的分散自主的部门，而是在学校宏观控制下的分权分级的部门。因此，在整个学校财务的运行过程中，宏观管理始终处于主导地位，对分级管理起着指导和制约作用。

（二）必须处理好责、权、利的关系

建立高校财务管理模式的核心问题就是要处理好学校集权与分权的关系，要把学校领导的统一性和基层单位的独立性有机结合起来，使资金既能从宏观上有效地得到利用，又能给基层单位一定的财权，使其承担相应的经济责任，调动学校和基层两方面生财和理财的积极性。

（三）必须与市场经济大环境相适应

随着社会主义市场经济的不断完善，高等学校的资金来源打破了过去政府或主管部门的单一收入模式，资金筹措渠道逐渐增多，资金需求额度逐渐加大。因此，财务管理模式必须适应这一变化的新形势，必须将市场观念导入财务管理中，以价值规律和市场为导向，调节学校发展中人、财、物各方面的需求和供给，逐步适应市场经济的发展。

（四）必须与高校自身的管理体系、发展模式相适应

财务管理是高校管理工作的重要一环，因此，财务管理模式必须与学校的管理体系相适应，必须与学校的改革与发展相适应，必须从学校的办学规模、教学及管理模式、财力大小，甚至历史沿革等情况出发选择管理方式和管理办法，形成自己独特的、科学的、适应本校发展的财务管理模式，达到为学校的改革与发展提供支持、为学校的教学和科研提供服务的目的，这样才能促进学校各项事业的发展。

二、高校财务管理模式创新的基本思路

（一）建立高校新的管理体制

1. 打破垄断，构建三足鼎立的办学体制

首先，要打破高等教育垄断的格局，进一步开放市场，构建三足鼎立的办学体制。其次，要让国有高校和民办高校享受相同的国民待遇权利；要按照世贸组织的规则要求，修改和完善相关的法律政策，引入外资办学或支持国内名牌大学出境办学，积极开拓境内外教育市场。

2. 规范政府管理行为，提高高校的法人意识

政府要为高等教育的发展创造良好的制度环境、法律环境，完善教育市场的竞争规则等。高等学校自主办学，不仅要政府松绑，而且要求高校本身具有法人意识。因此，高校对内部的管理就是要建立适应市场竞争的现代管理制度，因为随着市场经济和国际竞争的进一步发展，高校从政府控制走向市场制度运作是一个总的趋势。

3. 健全和完善高校的自我约束机制

健全和完善高等学校的自我约束机制，调动高校自主办学内在自律行为，这种约束力远远比"外部职权"更有效。因此，在高校自己办学的原则下，高校应进一步健全自我约束的管理机制，让其按照市场经济的要求和社会经济发展的需要，形成自我约束、自我发展的办学实体。

（二）建立高校新的组织结构模式

1. 高校组织结构模式的设计和建设必须把直线制和职能制结合起来

直线制主要解决的是指挥统一、层级管理的问题。高校存在着直线制和职能制双重结构的统一，又因为单独使用直线制和职能制所具有的缺点，选择直线—职能制组织结构无疑是一种最佳选择。直线制和职能制的结合，既没有削弱直线制的职权，也没有限制职能权力作用的发挥，两种模式在同一组织层面上发挥着不同的作用。

2. 高校组织结构的设计和建设必须把集权和分权结合起来

一般来说，高校内部校长掌握全局性、战略性、长期性问题的决策权，而各院系则必须在适当的授权下对本部门管辖内的教学及经费使用等进行管理。特别是在信息时代，上级部门和下级部门在信息掌握上几乎是同步的，但上级部门和下级部门关注问题的角度往往不同，上级部门从全局角度对问题进行决策，而下级部门只能在上级部门的决策和规定下进一步落实和执行。所以把集权和分权有效结合起来是组织结构设计时重点考虑的因素。

三、高校财务管理模式创新的内容

（一）高等教育体制的改革影响高校财务管理模式

从教育体制入手，有系统地进行改革。改革管理体制，在加强宏观管理的同时，坚决实行简政放权，扩大学校的办学自主权。我国的高等教育按照"共建、调整、合并、合作"的方针对高校管理体制进行了进一步改革。总体来讲，这些改革使得学校办学自主权逐步扩大，为高校内部实行校院两级管理、提高学院办学积极性提供了政策依据，也使得高校在财务管理模式的选择上有了一定的灵活性。

（二）财政拨款体制和支付方式影响高校财务管理模式

我国公立高校收入结构中政府财政拨款收入占 50%～70%，因此，政府拨款方式直接影响着高校财务管理的模式。例如，由于最近几年的部门预算改革和国库集中支付改革，部属高校和一些地方院校拨款收入中专项拨款大大高于正常经费拨款，由于专项拨款具有专款专用的性质，再加上国库集中支付，高校对这一部分财源的控制权很小，也就是说，高校不能对其所有收入进行自由调控。所以，在我国目前这种以国家拨款为主体的高校中，财政管理体制对高校财务模式的选择有着很直接的影响。

（三）经费来源多元化影响高校财务管理模式

随着教育事业的发展和教育改革的不断深入，学校的经营收入和捐赠收入等其他经费来源逐渐增加。资金来源渠道的多元化使得高等学校财务管理对象由原来简单的预算收支流量管理转变为对学校的资金、资产和资本进行全面核算，更加重视教育投资的绩效和投资回报率。这些变化使得高校财务管理的职能扩展到产、学、研的各个环节，要求核算和绩效考评具体化、精细化。

（四）教育规模的扩大影响高等财务管理模式

为了更好地满足社会发展的需要，从 1999 年开始我国高校实行扩招政策。在扩招初期，由于高校规模扩大，高校要想快速发展，就需要集中资金和财力办大事，因此，学校必须采取集中管理的财务管理模式，以提高资金的使用效益。近几年来，高校大规模扩招所导致的财务问题已开始显现，银行贷款还款压力剧增、运行经费紧张等成为影响学校发展的重要问题。在这种情况下，集中式财务管理模式的弊端也逐渐暴露出来。高校内部管理效率不高，权责不清，学院办学积极性下降，办学绩效受到很大影响。为了应对这些挑战，高校不得不从粗放的管理转向精细的管理，力求节约资金，提高资金使用效益。一些高校采取财权下放的改革措施，并取得了一定的成效。

第三节 新时代高校财务管理模式的创新实践

一、高校财务管理模式创新的组织保障

（一）加强财务管理组织机构建设

在"统一领导，集中管理或分级管理"的框架下，当前我国所有高校，即便是规模较小的高校都采用了权责更为明确、管理更为活跃、机制更为灵活的"统一领导，分级管理，集中核算，项目控制，绩效考评"的、更能适应社会经济环境和市场需要的科学的财务管理体制。

1. 集中核算

按统一要求、集中调配的原则，高校所有资金收付都必须由其财务部门集中管理，校属各部门均不得自立收费项目和收费标准，更不得自行收费，私管资金。这样既能从资金进口上控制和集中学校所有可支配资金，又能从资金出口上加大控制和管理，提升学校资金实力和办学能力，彻底改变"重核算轻管理"的片面做法，着重加强学校资金运作，拓宽资金来源渠道，控制资金应用方向，加强事前、事中、事后的资金效益管理，全面提升财务管理在高校经济管理工作中的核心作用。

2. 项目控制

目前我国高校实行了以预算编制为基础、绩效评价为手段、结果应用为导向、覆盖全校所有资金和业务活动的全面预算管理和项目控制。在每年编制预算时，坚持收支平衡、统筹兼顾、积极稳妥、勤俭节约、事权与财权相匹配的原则，将责任和权利进行明确并层层落实分解，对人员经费实行定员定额管理，做细做精预算安排；对项目经费采取部门内部评审、专家评审等多种形式；对项目的必要性、绩效性进行充分的论证，优化支出结构，细化支出项目，突出项目目标管理。高校在通盘考虑学校整体资金来源和资金需求的基础上，在科学合理确定高校全年度收支总额的基础上，针对每项资金来源、每项资金使用都设置了具体的项目名称，安排了具体的资金数额，并在实际执行过程中统一监管和逐一核算，坚决杜绝超用、挪用和无预算项目开支资金的情况，真正做到了资金"预算到位，管理到位，控制到位，核算到位，使用到位"。

3. 绩效考评

为实现"权利到位，责任到位，效益到位"的目标，高校按管理层次，应建立学校和部门负责人经济责任制，并建立健全相应的经济效益考核评价奖惩机制。设置专门的部门

对校属各部门经济责任履行情况、开展经济活动的绩效情况进行全面监督检查、考核评价，及时找出经济管理过程中的偏差、漏洞及存在的其他问题，认真分析查找原因，堵塞违规用款行为，严肃财经纪律。通过"源头控制，过程监管，绩效评价，有奖有罚"等具体措施来保证科学、合理地考核评价校属各部门的业绩，高校财务管理"统得有序，控得到位，管得有效，奖得有用"，保证高校内部责、权、利真正落到实处。

（二）收付实现与权责发生相结合

我国预算会计界认为："事业单位应当根据业务性质合理确认收入的实现"。预算会计界还认为："权责发生制体现了收入与支出之间的配比关系，揭示了收入与支出的内在联系，有利于事业单位加强内部经济管理，提高社会效益和事业成果考核。"随着高校收入来源和支出用途的多样化以及强化教育成本管理核算，权责发生制是一种必然的选择。但是会计核算基础必须适应高校的特点，因此不能完全采用权责发生制作为高校会计核算基础。建议高校在实行收付实现制的同时，根据学校内部核算和管理需要，部分地采用权责发生制来弥补收付实现制的不足。

二、高校财务管理模式创新的制度保障

（一）完善全面预算管理制度

1. 加强预算执行力度，强化预算约束力

学校内部预算管理体系与财务管理体制相适应。预算管理的组织体系及其运行机制是执行预算、实现预算目标的组织保障。已经审定的财务预算执行如何关系到学校年度工作完成的好坏，影响学校事业发展和规划。为此必须加强预算执行力度，强化刚性管理指标。对于重大项目经费支出，必须由归口领导审批，严格按照预算内容项目执行。

2. 成立会计结算中心，集中进行财务管理

在校属各单位资金使用权、财务自主权不变的情况下，成立会计结算中心。实行会计集中核算后，规范的办事程序、严格的会计监督，使得各单位财务透明度进一步提高，财务收支的合法性进一步加强。在学校统一领导下，实行全面预算管理，统一渠道进出，集中办理全校各单位的资金核算和会计核算。会计结算中心根据学校预算和有关的计划、合同，对各单位的进出资金和每项结算业务的合理性、合法性进行监督；使之完全置于学校的监控之下。

3. 预算编制的科学化、规范化

在预算的编制过程中，要按轻重缓急进行排序，优先安排急需可行的项目，实行专项项目滚动预算。可行的项目，当年安排不了的自动滚到下一年去。各收支项目必须有合理

的编制依据，要有详细甚至统一的定额标准，逐渐做到人员经费按人数、公用经费按定额、专项经费按项目来确定。分别建立教学基础设施改造、公用服务体系建设、专项设备建设、队伍建设等专项建设项目库，并根据学校的教育事业发展计划，不断更新、完善，使专项建设目标和学校总体规划相适应，提高专项资金的使用效益。

（二）健全资产管理制度

1. 建立"大资产"管理体制

成立"国有资产管理处"，横向上把学校全部固定资产、无形资产和投资资产等各种形态的资产，纵向上把从资产的形成到使用过程中的调剂，再到最后的处置的各个管理阶段及各个环节，统一由国有资产管理处管理，改变国有资产多头管理的现状。建立资产的产权产籍管理和具体使用管理两权分离的管理机制，规范两权管理流程，强化两权的相互监督与制约，以有效防止资产流失。

2. 加强制度建设，强化管理措施

高等学校既要贯彻执行国家有关资产管理的法律、法规和规章，又要结合学校实际，建立本校可操作和可实施的国有资产管理制度体系，做到依法管理、规范管理、科学管理、高效管理，以维护资产的安全完整和提高设备的使用效益。建立如下一系列制度：资产的购置（包括论证制度和采购制度）和验收制度、财产保存管理制度（包括赔偿制度等）、使用和维护制度（包括国有资产保值增值制度）、出让管理制度（包括资产调拨制度、财产出租转让制度、资产评估制度等）、报废报批制度、统计报告制度、监督检查制度、考核评价制度等。

3. 改革和完善高校的资产管理和核算制度

统一固定资产的分类，完善固定资产考核指标体系。财务制度对固定资产的分类应与资产管理部门的分类统一，这样有利于进行资产管理，便于统计和账目核对。制定高校固定资产管理的考核指标体系。结合各自的实际情况，制定本校可操作和可实施的内部固定资产考核指标体系，明确固定资产的合理确认标准。修订固定资产确认标准，应从效用、使用期限、单位价值等方面来界定固定资产，相应提高固定资产的确认标准。推行固定资产折旧制度。对高校的固定资产，应按照其性质、类别及使用情况，按期采用适当的折旧计算方法计提折旧。

4. 完善资产管理与财务管理的内部衔接机制

完善双向管理流程，对从资产的形成（如购置、验收）到资产使用中的调剂，再到最后处置的各个环节，在资产"存在"期间的形态、位置、数量、质量、价值等的各种变化，资产管理与财务管理都应从物到账、从账到物、从账到账实时保持动态一致。

5. 充分利用信息技术，实现动态监控功能

虽然国有资产管理部门和财务部门各自都有资产管理系统，但还没有实现信息资源共享，要建立学校"国有资产综合管理平台"，将各部门的信息数据进行对接，从解决办公自动化入手，逐步实现国有资产管理集成化、数字化、信息化。

三、高校财务管理模式创新的强化内部审计制度

（一）组织重视，制度健全

高校管理层要充分认识内部审计工作在内部管理、党风廉政建设等方面的作用和意义。只有领导重视，内审工作才能顺利展开，内审工作的质量才有可能提高。学校应建立健全内部审计规章制度，定期研究、部署和检查审计工作，及时审批年度工作计划、审计报告，督促审计意见或审计决定的执行，使内部审计工作制度化、常规化。要建立健全内部控制制度、内部审计工作报告机制、内部审计成果运行机制、内部审计工作考核机制和内部审计人才培养机制等。支持内部审计机构和审计人员依法履行职责，并提供经费保证和工作条件。对成绩显著的内部审计机构和审计人员进行表彰和奖励。

（二）合理设置，增强独立性

按照职责分明、科学管理的原则设置独立的审计机构，保证审计工作所必需的专职人员编制，配备具有内部审计岗位资格的审计人员，也可以根据工作需要，聘请特约和兼职审计人员，并且在机构设置时，还应考虑分管领导的岗位牵制，增强审计独立性。

（三）加强内部审计队伍建设

高校内审领域比较宽泛，它要求审计人员不仅要拥有财会知识，还要具有经济管理、计算机、工程技术等知识。因此，高校一方面应选拔业务素质高的人员充实到审计岗位上来；另一方面还要通过培训，提高现有内审人员的水平。换言之，要有合格的、高素质的内部审计人员，他们除应具有严谨的工作作风、高度的责任心外，还须有过硬的业务能力。

（四）积极沟通，确保内审结果客观

内部审计人员必须增强内部审计的纪律性。如果在接到有碍审计独立性的工作时，可采用沟通汇报和职务分离的方法。沟通汇报是指与学校领导说明这不是审计的职权，避免接受此类任务。职务分离是指如果沟通无效，则声明内部审计人员做的是非审计业务，同时在安排审计任务时，把相关运营活动的审计任务交给内部审计的其他人员来做。只有这样，内审人员的审计才能相对独立，审计结果才会更加客观。

（五）拓宽范围，充分发挥内审职能

高校内部审计除了财务收支审计，其内容还包括：对学生的收费，预算执行和决算，预算内、外资金的使用和管理，专项教育资金的筹措、拨付、使用和管理，固定资产的使用和管理，基建、修缮工程项目，对外投资项目及对校办企业投资项目，内部控制制度的健全、有效，资金的风险与效益，以及本部门、本单位主要负责人和上级主管部门交办的其他事项。另外据有关调查统计，在高校，商业赔偿多发领域主要集中在以下几个方面：设备采购、图书教材采购领域，学生生活用品、学校消耗品采购领域，基建工程领域，办班领域。这四大领域往往是很多高校的事故多发区，因此内部审计时也应特别关注。

四、高校财务管理模式创新的财务评价

（一）高校财务评价的体系

只有在明确高校财务职能、目标和会计核算标准的前提下，才能对高校财务进行合理而准确的评价。财务风险和财务预警是财务评价体系中的一部分。高校财务风险是指在高校运营过程中因资金运动而面临的风险，高校财务预警系统是根据经济管理科学中的技术经济分析方法而设置的一套高校财务分析指标体系。建立高校财务评价系统的目的，就是要在高校现有的财务管理和会计核算的基础上，采用合理、可比的原则，设置相关的量化指标，分析和评价高校办学资金使用的合理程度、财务管理水平和真实财力情况；通过该系统，找出高校之间存在的差距，及时揭示隐性问题，为各级领导的宏观决策提供客观的依据，并对高校财务运行中潜在的风险起到预警、预报的作用。

（二）高校财务绩效评价的原则

建立高等院校财务绩效指标体系时建议参照以下原则：第一，统一性原则。评价指标设计要注意统计与会计核算及业务核算的联系和统一，保证三者信息资源共享。专业评价、部门评价和综合评价都要遵循我国国民经济核算体系的统一要求，据此设计评价指标。第二，整体化原则。评价目标的多元化要求绩效指标能反映高校的总体绩效，要求突出有限目标并强调指标的相互独立性，如教学绩效与科研绩效的相互独立性。第三，长期利益原则。财务绩效评价体系的使用往往带有导向性功能，很容易使被评价者为追求眼前的效益而忽视长远的发展。因此，指标体系的建立应充分发挥导向作用，注重被评价高校的可持续发展能力。第四，动态完善原则。财务绩效的评价应充分考虑评价的趋势性，不断地进行修订和完善。第五，可比性原则。建立的指标体系可以与所有高校指标，甚至国外高校指标进行横向比较，且对本校各时期指标加以纵向比较，这就要求在动态变化过程

中有相对稳定性，或能通过换算进行对比。第六，科学性原则。评价指标作为主观要求反映高校财务客观发展规律的工具，应注意指标的代表性和体系的完整性、权威性和准确性。第七，可操作性原则。所有指标使用的数据均可在现有的财务资料和会计核算数据中获取，以这些可验证的资料为基础，才能使评价不偏不倚。指标要简明扼要、定义明确、分类界限清楚，以便于理解和填报。

第三章 高校财务管理制度

第一节 我国高校财务管理制度的问题分析

一、高校财务管理面临的挑战

知识经济时代的到来将高等教育推到促进经济发展与社会进步的至关重要的位置上。自20世纪60年代以来，各发展中国家的高等教育普遍面临扩张、多样化和知识革命的挑战。1999年，我国高等教育学校展开大规模扩张，仅3年时间就将高等教育毛入学率由9%提升到15%，步入国际公认的大众化高等教育发展阶段。2002年—2003年，经济合作与发展组织（OECD）与英格兰高等教育拨款委员会（HEFCE）共同开展对高校财务管理与治理的调查研究，发现尽管各国政府对教育财政政策的调整从未间断，多数OECD国家的高校财务状况仍不同程度地显露出每况愈下的境况。其诱因主要是办学规模的扩张、社会责任的增加和政府补贴的减少。我国高校的外延式扩张和内涵式发展同样使高校财务状况面临严峻的挑战。扩大办学规模和提升教学质量导致的庞大的资金需求并没有带来财政拨款的提高。高校自筹经费的能力有限。扩招导致的办学条件瓶颈迅速转变为资金瓶颈。作为财政拨款不足的政策性补偿手段，政府积极推动银校合作。各高等教育学校普遍将银行贷款作为其筹备基础建设资金的来源。

（一）预算管理不完善，缺乏执行力

"凡事预则立，不预则废。"完善的预算管理制度有利于优化资源配置，提高资金的使用效率，对于资金供需紧张的高等教育学校尤为重要。虽然《高等学校财务制度》将预算管理作为高校财务管理制度改革的核心，但许多高校在实际执行中仍然存在诸多问题。归结起来，主要表现在以下几个方面：一是部分高校对预算管理的重视不足，把预算管理片面地理解为编制预算，缺乏后续管理。二是预算涵盖范围不全面，预算外收入未纳入学校综合预算，无法客观全面地反映学校的财务收支状况。三是预算编制方法不科学。高校预算经过不断的改进，采用了零基预算法、滚动预算法、综合预算法，更加科学化和精细化。但由于这些预算编制方法操作复杂，加上高校对预算的重视不足，一些高校仍然采用

增量法编制预算，难以适应高校日益复杂的经济活动。四是预算执行缺乏刚性，资金收支随意性大，使预算形同虚设。

（二）资产管理意识薄弱，资源使用效率低下

高校肩负的重大社会责任和其非营利事业单位的性质，使其将管理重点放在教育和科研工作上，形成了重社会效益、轻经济效益的管理意识形态。学校在日常工作中，往往重视找项目、购设备，而忽视对设备的维护管理，难以做到资产在全校范围内的共享，导致重复购置、资源浪费的现象时有发生。学校对无形资产的管理意识淡薄也导致各学院重视科研成果数量而轻视科研成果的推广应用，造成知识产权不同程度的流失。

（三）内部控制制度不健全，财务管理存在隐患

健全内部控制机制是提高高校风险管理水平、保障高校资产安全完整的重要举措。随着高校经济活动的日益复杂化，对内部控制的设计与涵盖范围提出了更高的要求。合理的内部控制机制需要高校根据国家的相关法律法规，结合自身的状况进行设计。良好的内部控制包括合理的设计和有效的执行两个方面。高校的内部控制设计经过多年的发展，取得了很大的进步，但是仍然存在许多薄弱环节，为高校资产的安全完整埋下隐患，这种情况在多校区高校中表现得尤为突出。20 世纪 90 年代中后期以来，我国通过校际合并、建设大学城等方式形成了众多校区高校。在管理职责划分、资源配置、收支控制等方面带来系列难题，引发诸多财务管理端，急需健全的内部控制对其进行规范。另有部分高校虽然有合理的内部控制制度，但在实际工作中没有进行有效的执行，使控制制度形同虚设。

（四）缺乏有效的监督，贪污腐败现象频发

近年来，高校财务廉政风险系数越来越高，不时爆发的贪污腐败案件引起了政界与学界的广泛关注。除财务管理制度不健全外，缺乏有效的监督也是一个很大的原因。内部监督方面，由于受计划经济体制遗留的影响，高校的内部组织结构仍然具有明显的行政化特征，财务部门与内部审计部门均受行政部门领导，缺乏应有的独立性，难以切实履行监督审计职责。社会监督方面，由于缺乏公开透明的高校财务信息，社会监督也难以发挥应有的作用。

二、高校财务管理制度存在的问题

（一）缺乏有效的财务监督体制

在我国，高等院校的财政来源主要是国家财政支持，然而国家仅提供高校的财政支

出，不对高校的财务管理进行监督，造成资金投资者的管理缺失，缺乏对高校财务管理制度的合理监督与管理。一方面，高校的财政支出和资金用途不需要向社会进行公开，造成高校财务管理缺乏公众监督，因此很多高校的资金得不到充分利用，一些高校所投资的项目得不到预期的投资效果，在某种程度上造成了高校财务资源的浪费；另一方面，越来越多的高校在财务管理过程中，违背了高校管理机制中的约束制度，导致高校管理与党委监督脱离，高校使用财务资金时不能够遵循相应的决策程序。现如今，高校缺乏有效的财务监督体制已经成为阻碍高校财务管理制度发展的主要问题之一。

（二）高校内部财务管理制度不完善

首先，高校内部财务管理制度不规范。俗话说"没有规矩不成方圆"。在财务管理制度中，很多高校往往不能够严格按照内部的财务管理制度进行财务管理，造成高校内部的财务管理制度形同虚设；缺乏财务管理的规范性，导致一些高校的内部财务信息与实际信息不对称，内部财务管理混乱，同时出现了一些高校经济犯罪现象，不利于高校教育事业的稳定发展。

其次，现行财务管理制度与实际不符。现如今我国的各大高校所实行的财务管理制度过于陈旧，已经不能够适应我国高校的财务管理状况，缺乏符合现代高校内部财务管理需求的新制度。

（三）高校的财务管理制度缺乏科学性

从目前我国大多数高校的财务管理制度情况来看，其财务管理制度主要是在高校设置单独的财务部门，并由财务部门对高校的各项财务工作进行统一的管理，以保证高校的各项财务工作顺利进行，进而对高校的各项财务支出和经济来源进行管理。然而这种财务管理制度在一定程度上还不够完善，存在一定的财务风险，尤其是财务部门内部的人员管理、规章制度等都缺乏科学性，没有形成统一的财务管理制度体系，尤其是资金投资的相关利益者不能够参与到财务管理中，从而造成高校财务管理制度缺乏一定的科学性和民主性，而这一问题已经成为阻碍高校进行科学财务管理的主要问题。

（四）高校财务管理缺乏风险意识

首先，缺乏有效的教育成本分担机制。现如今，绝大多数高校对于教育项目的财务支出管理不善，教育成本过高，且没有达到预期的教育效果，在高校的教育成本中除了对教学设施、教育水平方面的投资外，其他绝大多数资金都用于人员开支，严重阻碍了高校教育的发展，造成严重的成本负担，忽视了高校财务管理风险意识。为了发展教育，高校只能通过其他途径进行筹资，增加了高校财务风险。

其次，贷款风险意识较弱。为了不断扩大学校规模，提高办学水平和教学质量，很多高校会采用贷款的方式进行教育发展。然而教育发展投资较大，且教育发展成果在短时间内并不明显，造成很多高校都存在一定的贷款风险，不利于高校长期稳定发展。贷款风险意识薄弱已经成为高校长期发展的主要财务隐患。

三、完善高校财务管理制度的对策

随着高校教育的不断发展，高校财务投资越来越多，高校财务管理制度也需要不断完善，推动高校教育的发展。对于完善高校财务管理制度的措施，可以通过以下几个方面进行。

（一）建立完善的监督控制系统

第一，提高投资者的参与机制。对于投资高校教育的利益者，要不断地提高其对高校财务管理的参与机制，让投资者充分参与高校的各项经济活动，明确高校投资的各项支出，提高高校财务管理的公开性。与此同时，对于投资者来说，还需要加强对高校各项财务报表和财务数据的监督，尤其是对教育成本、资金用途等方面的财务监督，保证各项财务资源充分利用。

第二，加强高校内部财务部门监督。对于各大高校的财务部门进行监督管理，尤其是对财务工作人员素质的监管。一方面提高财务工作人员的专业素质，加强对财务核算、成本运算等财务工作的监督；另一方面完善财务考核机制，对于财务部门的各项财务工作，建立相应的考核制度，明确岗位职责和责任，促使财务部门的各项经济活动有章可循，在提高工作效率的同时，也可以根据考核结果对财务工作进行科学的监督。

（二）完善高校内部财务管理制度

对于高校内部财务管理制度不完善的问题，应不断加强高校内部财务管理和财务监督，并按照相关的财务规定和财务制度，进行不断的改进和完善，促使高校不断完善内部财务管理制度，以满足高校教育发展的现代化需求。

首先，制定和修改现有财务制度。根据学校现有的财务制度进行修改和创新，同时要结合学校教育发展的实际需求，对高校内部的财务管理制度进行修改，明确学校内部不同管理阶层的财务制度。通过建立合理的高校内部财务管理制度，规范对高校各项经济来源、教育支出以及成本的控制，有效地提高资源利用率。

其次，加强高校内部人员自控能力。对于修改后的财务管理制度，需要高校全体工作人员共同遵守，尤其是提高财务工作人员的自控能力，对于学校的各项财务资金进行合理的运用，避免利用财务便利，造成经济犯罪。

（三）建立科学的财务管理制度

建立和完善科学化的财务管理制度，一方面要结合高校的实际财务状况，对高校的财务环境进行全面系统的分析，引入统一领导、分级管理的财务制度，保证高校的各项财务项目能够落到实处，提高财务资金运用率，保障学校领导和相关投资人能够随时对高校的财务进行监督与管理；另一方面，通过分级财务管理制度，对高校各个部门进行具体的财务管理，明确各个部门的财务需求，同时，对于不同部门出现的财务问题也可以进行逐一解决，保证财务管理制度落到实处。另外需要注意的是要规定和确认高校各部门的主要负责人，一旦发生财务问题，可以针对负责人直接询问，明确问题的导火线，进而对相关问题提出相应的措施。通过各种措施建立科学的财务管理制度，推动高校财务工作顺利进行。

（四）提高财务管理风险意识

第一，提高全体职工风险意识。在高校工作人员范围内提高财务管理风险意识，尤其是针对高校经济效益与社会整体效益中存在的风险。面对高校成本分担机制的缺失，一方面要不断地提高高校领导的财务管理风险意识，充分考虑高校的教育投资项目与成本预算之间的利益关系，降低教育成本，提高投资效益；另一方面要明确高校发展规划，结合高校的发展目标制订完善的高校发展规划，如学校规模、教学设施、师资队伍等。结合高校发展规划，对高校的财务规划进行科学的管理，提高财务管理风险意识。

第二，科学进行贷款筹资。对于高校用于发展教育的贷款筹资，一方面要合理控制贷款金额，另一方面要定期还款，避免造成信贷诚信问题，降低财务风险。

第三，完善投资管理制度建设。对于高校投资的教育发展项目，要积极采纳投资者和相关利益者的共同建议，结合高校实际情况，进行客观的投资评价，保证投资管理的科学性，有效降低投资风险，提高财务管理风险意识。

第二节　新会计制度对高校财务管理的影响

一、高校会计制度的改革要点

随着时代的发展进步，对教育的水平要求也越来越高。为适应时代的需求，高校教育体制也在逐步变化。在这样的时代背景下，长久应用于高校财务管理的传统会计制度存在的缺陷在逐步显现，目前高校的财务管理工作已经无法满足现代高校财务管理的需求。对此，我国财政部针对原有的高校财务制度进行了修改，在2014年初时正式施行新的制度。通过对比新旧会计制度，制度的改革主要体现在以下方面。

（一）高校资产反映更真实

新高校会计制度引进新的概念，对无形资产进行摊销，对固定资产进行折旧，而对于高校的流动资金，以"权责发生"的理论为基础，进行处理，不仅会确保会计信息的真实性，同时还能提升财务工作的科学性，相对传统的会计制度而言，更适合现代高校发展的需要。

（二）教育成本的核算模式

因为高校的资金流入具有多元化特点，按照权责发生制对高校的成本核算进行配比，将财政支出和非财政支出分开统计，并对其进行细致分类，更有利于支出核算和支出管理的加强，就教育成本统计而言，更加方便快捷。与此同时，对高校成本核算模式进行规范，计算出的教育成本更加准确。

（三）财务报告内容更加丰富

在新高校会计制度中，高校需要做到将财务报告上的透明度和丰富度提高，财务报告中要有关于高校资金支出、负债以及基建投资等独立明确的表格，对于重点内容和关键项目的资金流动更要做出详细注明，不可简单叙述。财务报告越丰富，信息才越准确、越可靠，这对于财务决策的正确性有非常关键的影响。

二、新高校会计制度对高校财务管理的影响

（一）加大财务管理的执行力度

由于公共财政体制的内容与我国高校的财务工作密切关联，在公共财政体制不断改革的情况下，旧制度中的预算单位与改革后的内容存在着冲突，对有效开展高校财务工作产生制约。新高校会计制度实行后，不仅满足公共财政体制关于改革的要求，同时在相关科目上也有所增加，对于高校的资金核算具有非常大的帮助作用。不仅如此，财政部门会为需要建设的高校投入资金，但是有些资金批准后并未使用，运用新高校会计制度通过余额账户的资金项目和财政部门应返还的资金进行计算，其使用情况显而易见，在保证资金透明度的前提下，确保高校的财务工作顺利展开。

（二）增加高校资金来源渠道

为了能够让更多的人接受更好的教育，近年来我国各个高校都在不断地进行生源扩招。随着高校规模的逐渐扩大，其经济负担也越来越重，因此各高校每年都会通过各种途

径筹集经费。在传统经费筹集中，国家财政部门拨款是高校的主要经费来源，然而随着目前高校学生数量的不断增加，这种方式已经不能满足现代高校的发展需求，很多高校已经负债累累，内部财务管理工作处于复杂状态。由此反映出原有的高校会计制度已经无法适应现代的高校财务工作，不仅为高校增加财务负担，同时也使高校处于可能破产的风险中。为了满足高校的办学经费需求和发展需求，新的高校会计制度在内容上增加收入内容和余额内容，将各高校的财务状况变得更加清晰明了。此外，由于引入了权责发生制，高校财务管理人员对高校收入、支出、储存的观念有很大程度的提升，使财务管理工作更加规范。

（三）高校资产状况可以得到直接反映

据统计，固定资产占据高校资产结构的大部分比重，但是，在原有的会计制度中，并没有对固定资产的维修预算、管理策略等，给予相应的重视，很多固定资产因为较旧，已经被闲置。不仅如此，对于高校中已经报废的设备和陈旧的设备并没有进行处理，甚至很多都没有进行统计，这导致账面的资产数目与实际存在的资产项目严重不符，不能够真实地反映出高校的固定资产情况。新高校会计制度中增加了资产折旧的概念，对于比较陈旧的固定资产进行真实评定。通过科学的折旧计算手段，将陈旧固定资产的价值评定出来，改变账面与实际固定资产价值记录不符的情况。新高校会计制度可以对高校的资产价值进行精准计算，同时可以预估出固定资产的成本，更加客观、真实、有效地反映出高校的整体固定资产情况。

三、加快高校财务管理的创新

（一）改进并完善高校会计报告体系

现行高校会计制度报表以"资产负债表""收入支出表""支出明细表"为主，但是仅靠这三张基本会计报表来提供高校会计信息是远远不够的，应该加入"现金流量表""财务状况变动表"等基本报表，这样才能够为会计信息使用者提供更多的关于高校内部管理及其决策的会计信息，才能够为相关部门提供评估高校办学条件、领导业绩及办学效益的相关信息。除此之外，还应该补充相应的三方报告：首先是会计报表附注部分，以文字和数据的形式对会计报表的项目的确认、列式等做出说明和解释，让报表使用者能够更为直观地理解会计报表所提供的信息。其次是会计报表的附表部分，以表格的形式提供各种明细报表，主要是对会计报表进行补充，以此促进报表使用者对基本会计报表信息的理解。最后是补充信息部分，主要以表格数据或是文字的形式在基本的会计报表和会计信息之外提供附加的补充性信息。

（二）加强预算管理

为了加强预算管理，有必要将高校的相关收入及支出、固定资产的构建及对外投资等相关资金活动纳入工作计划中，并在实施过程中严格控制、监督计划的执行，确保高校的财务管理工作有效开展。而这个工作计划相较于经济计划下的事业单位的预算管理方法有本质上的差别，因为该计划更具人性化，体现了法人的自主权。在编制预算的过程、执行、调整及执行报告时，都应该严格遵守法律法规，这样才能够使高校的资金活动有效进行并得到很好的控制。

（三）合理有效使用资金

为了保障高校资产安全完整，就必须合理配置经济资源、合理节约高校支出，并加强对各种资产的控制管理，这样才能够防止资金的流失，确保资金有效使用。在市场经济条件下，各种经济资源一般都可用货币资金进行表现和计量。由于高校法人具体明确的主体地位，且获取越来越多的独立及其自我管理的权利，因此，高校财务管理制度也必须与时俱进地进行创新发展。一方面，不断完善现有的财务管理制度，并采取新型的财务管理理念；另一方面，不断开拓资金筹集渠道，确保高校资金能够有效利用，并达到资源配置的最优化，以此来提高学校财务管理的整体水平。所以，只有合理调动和分配高校资金及其各项资产，才能使高校各种经济资源得到合理配置，并提高资金的使用率。

第三节 新时代高校财务管理制度的建设与优化

一、高校财务管理制度构建的理论基础

（一）利益相关者理论

20世纪末，利益相关者理论在企业管理等方面得到了普遍应用，成了鉴别和评估某个企业行为影响的固定公式。所以，利益相关者理论的本质就是要求高校关注利益相关者的需要和权利，目标是让学校和利益相关者的利益最大化，研究高校财务管理的理论和方式，促进高校财务管理制度的飞跃发展。

（二）新公共管理理论

新公共管理理论主要内容就是以现代经济学为中心，强化政府等公共部门加入竞争的机制，以此来达到提升服务质量的目的，协调国家、企业以及个人之间的关系，提升管理

水平与服务质量，并且建立绩效考查机制，而该理论的中心内容就是消费者是否满意。高校财务管理恰好归属于公共行政的范围，其更应该重视服务质量，并且协调各个方面在财务管理方面中所发挥的作用。

二、新形势下高校财务管理制度建设的对策

（一）建立健全内控制度的监督评价机制

对财务管理制度进行审核，观察应用落实阶段是否存在不合理的内容，监督体系的完善对管理计划的全面落实起到了很大的帮助。面对新形势下的财务管理任务，高校应当针对财务管理任务建立完善的监督体系，并确保监管体系能够充分发挥效果，在监督管理期间，要以高校发展计划实现为前提，确保建设任务的进行能够得到充足的资金保障，资金的使用方向以及使用额度也能得到有效的监管控制，帮助高校平稳地度过新形势下财务管理的过渡阶段。高校财务管理制度的建立需要一段时间，这段时间如果管理方法选择不当，就会出现财务管理混乱的情况，因此监管体系的建立要快速完成，在各部门之间形成联系，当发现监管力度下降时，可以通过各部门之间的协调优化来进一步解决，形成具有财务风险防御能力的监管体系，并促进管理计划能够在基层会计中充分落实。

（二）科学制订预算计划

针对内部控制的体系建立，高校在提升办学能力的同时，也需要长久稳定的经济收益来源，这样高校所进行的管理计划才能更贴近实际情况。新形势下开展高校财务管理工作，也可以借鉴一部分原有的管理经验，针对其中不合理的部分进行完善，这样能够节省大量的时间，对管理计划的开展能起到铺垫作用。将财务的经济收益与支出分开管理，这样所进行的监管计划更符合实际情况，高校建设计划的开展需要使用资金时也要有完善的审批流程，达到理想的建设体系，以管理制度为背景开展的财务管理更能发挥监管作用，避免管理期间出现质量不达标或者监管力度下降的问题。

（三）加强基础财会工作监管

新形势下，财务管理制度的建设理念要快速改进，对原有的管理理念进行完善，这样最终所得到的管理制度才能在高校财务系统中进一步落实应用。管理人员的个人能力提升也是十分重要的，在岗的会计人员要定期学习先进的工作理念，并将其应用在高校财务系统工作中，通过这种方法来促进管理计划在基层的进一步落实应用。在对高校经营管理的财务资金使用情况进行预算时，要充分融合基层中所存在的问题，并采取技术方法来进一步完善，为管理任务的进行创造可行性条件。

三、高校财务管理制度优化措施

（一）构建完善的财务管理制度机制

针对高校财务行为，部分法规制度都对高校财务管理制度进行了非常详细的规定。一方面是要贯彻并且落实高校财务管理制度的法律法规，同时从各方面了解国家政府所提出的最新高校财务管理政策，学校也应该结合当地的教育部门、财政部门，充分地完善自身的财务管理制度；另一方面是需要高校结合自身的实际状况，制定出适合本校的高校财务管理制度，以此来达到落实国家财务政策的目的。

（二）加强财务管理制度的落实

在构建高校财务管理制度时，高校应该充分考虑到该制度的执行力问题，因为一旦该财务管理制度不能够有效地实施，就不能达到提升高校财务管理水平的目的，再好的财务管理制度如果得不到有效的执行，也形同虚设。所以为了更好地加强高校财务管理制度的执行力度，要求学校管理者有非常出色的管理能力及资源配置能力。

（三）重视成本效益，健全会计核算机制以及相关报告体系

财务管理制度是提升高校核心竞争能力的关键内容之一，财务中的经费使用需要充分考虑到投入产出比。倘若经费投入的利用效率不高，资源不能够得到充分的使用，此时高校在财务管理方面就会出现问题，高校的核心竞争能力就会降低。如果加强成本效益和健全会计核算机制以及会计报告机制，就需要对固定资产进行提取折旧，同时还需要对高校专项资金实行收支分开核算机制，根据这些会计科目制定相关的会计核算机制，也需要增加对现金流量表的构建，增设高校人力资源成本及价值状况表格等。

四、对优化高校财务管理制度的思考

由高校财务管理体制的发展沿革可以看出，我国政府从未停止过对高校教育体制与管理制度的改革，始终把开展教育事业放在振兴国家的战略地位上。但是新时期社会经济环境和政策的变化以及学校内部管理机制尚不完善等因素，使高校财务管理面临一些困境。为适应新时期的变化，维护高校的可持续、健康发展，提高教学质量，高校亟须改善财务管理制度，增强财务管理能力。笔者认为，优化高校的财务管理制度可以从以下几个方面着手。

（一）拓宽筹资渠道，加强贷款管理

在财政拨款不足的情况下，高校往往依靠银行贷款来填补资金缺口。巨额负债在将高校拖入财务困境并引发社会热议的同时，也使高校的信用评级一路下滑。还贷压力严重影响着高校的可持续发展。面对这种情况，高校应当合理规划贷款规模、积极拓宽筹资渠道，防范财务风险。合理的贷款规模应当建立在科学合理的预期未来现金流量上。高校应当合理安排贷款本息的偿还时间，加强风险管理，当财务风险超过学校可接受的水平时，立刻停止贷款筹资，转向其他筹资渠道。高校作为人才培养基地，具有其他机构无可匹敌的人才优势与科技优势，应当充分发挥这些优势争取科研和社会服务收入。此外，企业和个人的捐赠也是学校收入的重要来源。

（二）加强预算管理水平，提高预算执行能力

编制预算的过程也是进一步优化高校资源配置的过程，对落实高校的战略发展规划至关重要。因此，预算管理应引起学校的高度重视。高校应当实行全面的预算管理，将整个学校的财务收支作为预算管理对象，坚持"量入为出、收支平衡"的原则。在预算编制方法上，推动"零基预算"的应用，完善预算编制方法，加强预算的权威性和严肃性。此外，为加强预算的执行效力，高校可以建立预算绩效考评制度，完善激励约束机制。通过独立的绩效管理机构，根据科学的绩效考核指标对预算执行成果进行考评，配合相应的奖惩制度，提升预算执行效力。

（三）完善资产管理制度，提高资产使用效率

完善资产管理制度首先应当建立现代管理机制，建立健全管理机构，合理划分各岗位之间的职责权限，形成相互协调、相互制约的分工协作关系；然后完善资产管理的各项规章制度，将责任落实到各个管理人员，并实施问责制度，形成对资产的全方位监控。对于固定资产，应当在审批、使用、处置三个环节加强管理。首先，高校的固定资产购置应当经过充分的论证，并加强对采购与验收环节的控制。其次，高校应当健全资产的使用制度。通过资源整合，建立资源共享平台，防止重复购置和资源闲置浪费现象的发生。最后，高校需要加强资产处置制度，防止资产流失。对于无形资产的管理，除了加强评估外，还应当关注资产的应用推广。

（四）完善财务监督

适度的财务监督是经济活动合法、有序运行的重要保障。完善的财务监督制度包括内部监督和外部监督两个方面。完善内部财务监督，首先，要建立健全内部控制制度。通过

过程与岗位职责制约防范违规行为的发生。其次，高校应重视内部审计部门的职能发挥，在部门设置中予以应有的独立地位，并认真审视其审计结果，保障高校的健康稳定运行。外部监督主要包括政府监督和社会监督。目前，高校存在财务信息不公开的状况，使社会监督难以发挥应有的效力。政府监督在实务中存在政出多门、立法滞后等问题，尚未形成系统、全面、高效的监督体系。借鉴发达国家的经验，对高校的财务监督可以引入中介组织，如社会审计机构、教育评估机构，经费拨发机构等。中介组织不但可以分担政府的部分职能，还可以成为联系高校与社会的纽带。

第四章　高校预算管理研究

第一节　高校预算管理概述

一、高校预算管理的定义

高校财务预算管理是指高校按照事业发展计划和任务编制的年度收支计划，是高校进行各项财务活动的前提和基础，是指导和考核高校各项财务活动的标准性文件，是高校控制日常支出和组织收入的重要依据，高校的预算包括预算编制、审批、执行、监督等环节。

高校预算管理的实质即最大化地发挥自有资源的价值，在遵从相关法律的基础上，使高校在社会主义市场经济中具有竞争力，又能保证自身科研教学水平的提高，保障教育这一公共产品的供给效率。还有学者研究表明："预算管理是指在管理中对高校的各项经济活动进行预期并控制的管理行为及其制度安排，在管理学中也称为全面预算管理。它是内部控制的重要方法，实行全面预算管理，有利于组织管理效率及效益的提高。"

综上所述，高校为实现预算目标，在接下来的一段时间内管理财务的收支计划所产生的一系列经济活动就是高校的预算管理。预算管理包括预算的编制、审批、执行、调整、分析、监督、考评等管理活动。

二、高校预算管理的原则

高校进行预算管理工作时，应做到以量入为出、兼顾公平、效益优先为收入预算的管理原则，以统筹全局、勤俭节约、保证重点为支出预算的管理原则。

此外，高校预算管理应确保实现收支平衡。

（一）预算管理遵循"量入为出，收支平衡，效益优先，兼顾公平"的基本原则

以收定支，收支平衡是收支预算的基本管理原则，在进行资源的预算分配时，以在公平合理的情况下追求最佳效益为分配的依据和标准，同时要考虑学校的统筹发展。

（二）收入预算遵循"积极稳妥"原则

高校必须以"积极稳妥"作为收入预算编制原则，精准把握教育发展机会，积极开拓筹资渠道，增加各项资金的收入。按照国家有关规定将学校全部收入纳入预算，不高估、不遗漏、不重复，根据实际情况及各种影响因素做出详细的收入预算编制，确保收入项目内容翔实、数据测算可靠。

（三）支出预算遵循"统筹兼顾，保证重点，勤俭节约"的原则

高校预算支出总量安排必须根据收入情况进行把控，在高校的综合财力范围内做出合理的支出计划，量力而行，一般不做"赤字"预算。财务人员应科学核定预算项目的所有数据，在预算编制中体现出各个教育学科的差异情况及学校的办学方向，以迎合学校的发展目标。贯彻厉行节约、一切从实际出发，坚持"一要吃饭，二要发展"的总体思路，保证重点，统筹兼顾，科学、合理安排资金，最大限度提高资金使用效益。

第二节　高校会计与学校预算管理

高校的各项资金预算能够体现出统计年度内学校的财务收支规模，还能够从学校的整体经济业务活动中把控业务范围及发展方向。高校财务管理的主要内容就是管理收支的预算编制和执行预算的过程，这项内容主导着高校的财务管理工作，为高校进行财务活动提供了基础，关系着学校教育事业的发展，对高校整体良性运转至关重要。

一、高校预算管理与会计核算

从价值的视角来看，高校的会计核算及预算管理工作都是其经济活动的实际体现，会计核算是预算管理工作中预算执行（资金使用）的具体体现，预算管理对高校财务活动的监督和约束使会计核算时能够更加清晰地掌握资金流向，二者之间相互促进，共同规范财务活动，向学校领导及相关部门提供准确可靠的经济数据信息，二者之间还有一定的联系，主要表现在以下几点：预算管理涉及高校收支、分配和结余的财务情况，构成了会计核算活动的基础；预算代表了高校的发展计划，核算反映了执行计划产生的结果，二者共同体现了学校的发展水平和规模；会计核算的主要对象就是高校根据教育事业发展的总规划做出的详细经济预算计划，因此，会计核算可以说是细化的高校预算管理工作。此外，高校的预算反映了学校的资金分配情况，是高校日常经济活动开展的资金保障。通常情况下，高等院校的收支预算情况能够与会计核算的经济收支内容一一对应，而会计核算通过年终各类决算报表对年度预算执行情况进行全面呈现，以便对预算活动的执行情况有整体

的把控。预算管理能够对财务活动进行事前约束和控制，会计核算能够对财务活动全过程进行详细的反映和分析，便于高校掌控资金流向，避免资金使用不合理或被浪费，了解资金的使用情况和项目的建设情况，进而更好地优化财务管理工作。

高校预算经费一旦通过审批，将有效约束高校的各项经济活动，高校增加的每一笔支出预算都必须有足够的资金支持。会计核算能够详细反映出预算的完成情况，对预算项目的完成过程有一定的监督作用，是高校预算资金收支平衡的有效保证，对于高校预算收入的实现、预算支出的管控非常重要，有利于高校建立健全一体化约束机制，提高约束预算的能力，加强学校财务预算管理的力度。财务分析和监督是高校进行预算管理和会计核算非常关键的环节，根据实际情况为高校的财务支出设定了标准，确保资金使用合理、有效。高校能够通过会计核算统计的结果分析出各项预算的执行情况，进一步了解和掌握学校各个经济项目的风险、特点、运行规律以及执行过程及效果等，为高校做出最佳的财务决策提供更可靠的依据。总之，对高等院校而言，其预算管理和会计核算相互配合，共同管理高校的财务活动。二者虽具有密切的联系，但在管理对象及职能等方面有很大的不同，二者不同的性质决定了其特点、要求、规律规范等各不相同。

二、高校预算执行和预算调整

预算管理活动从预算编制开始，通过预算执行实现预算计划，根据执行情况进行调整，最终通过会计核算将统计总结的执行结果以书面形式呈现和反馈给相关管理部门，完成一个循环的预算管理过程。预算执行和预算调整是高校预算管理工作中非常重要的环节。

（一）高等学校预算的执行

高等院校的预算项目一经批准就可以进入执行阶段。高等院校应制订科学合理的预算计划并按计划有序执行，才能够有效控制财务收支管理活动，进而做到收支平衡。在预算执行过程中高校需要做好以下工作。

1. 科学分解年度预算，保证经济责任的落实

高校应实行统一领导分级管理的预算管理制度，各职能部门、二级学院紧密围绕高校发展规划及年度工作重点开展工作，明确管理对象、目标、责任和具体要求，并签署责任书以激励各部门积极负责地完成各个预算项目的执行工作。财务部门应加强监管力度，协调控制各级单位和部门的经费使用进度，以保障高校在预算计划实施期间内的发展和对资金的需求。

2. 积极组织收入，保证收入计划的完成

高校需要根据收入预算完成情况安排支出预算，然而并非所有收入项目都能够完全按

照收入计划完成，因此，高校必须按照计划严格执行收入预算项目，及时、足额收取预期资金并入账。高校应以签署责任书、合同等书面契约方式约束产业收入，确保实现收入目标；高校需要做好成本管理，包括人员经费、水电费、资产占用费等的核定；高校应严格控制收入管理，按相关政策和规定核实各项收费项目，及时上缴各项财政款项，监控、防范各级单位及管理部门私账、外账、拖欠等问题发生。

3. 合理控制支出，提高资金使用效益

高等院校一旦确定了经费预算，其财务管理部门就必须严格按照相关财务管理制度监督资金的分配和使用情况，及时拨付资金。在审批财务开支时，尤其是对一些临时追加的支出项目或者大额的经费支出，必须坚持集体决策，严格审批，避免出现资金管控的漏洞，出现预算使用不当甚至严重失衡。高校财务管理的各个单位和部门应严格管理财务的收支情况，加强资金使用的监管力度，在进行资金预算决策时充分发挥职能潜力，尽可能增长资金的收入，从各方面节省资金的支出，提升资金使用率，产生更多效益。此外，高校财务管理部门还应做好对各下属单位及部门资金支出和使用的监管工作，检查所有资金项目的执行是否符合规范、各项业务是否界限明确、是否有收支结构不合理现象。

4. 强化预算控制和预算分析，确保各项工作稳步推进

高校应进一步强化预算项目管控力度，全面控制预算项目有序执行，提高数据分析能力，定期检查财务的收支情况，做好每一项收支的分析，控制各项收支预算项目的执行与高校整体教育事业的发展计划相协调，并及时向相关部门反馈出现的问题，以便及时调整财务管理决策。当某项收支活动涉及大额业务或资金流动出现巨大变动时，高校应加大调控力度，及时做出调整，并加强对资金活动的监管力度，使资金保持收支平衡，以保证高校在预算年度的教育发展不受影响。

（二）高校预算调整

高校年度预算一经批复，额度及用途等基本确定，一般不做调整，以保证每一笔预算都产生相应的效用。但执行预算项目时，有可能出现某些特殊情况，为了保证预算正常执行，不影响学校的发展计划，就必须要按照相关流程报备审批再做调整。

在高校执行预算项目的过程中，如果因原定预算不准确出现较大误差，需要高校做出较大的资金调整，或者高校教育总体发展计划出现了重大变动而导致收支项目金额改变时，高校可以进行合理预算调整。在具体调整前，高校应先制定科学预算调整方案并向上级归口部门报送审核申请，并做好备案。这种情况下，高校做出的预算调整一般会在原预算总额度内进行调整，此增彼减。

如果高校的预算总额度有变，为保持收支平衡，就必须在调整了收入预算后，对支出预算也做出相应的调整。通常情况下，财政专户核拨和财政补助的资金作为高校的一项收

入一般是不予调整的，如经核实，高校确实需要调整这项资金收入，应按照审批流程逐级向财政部门或主管部门申请审批。

在高校预算项目的执行期间，如果国家教育事业发展规划或者相关的政策制度有了很大的调整，影响了高校的财务收支活动，学校确定需要做出调整时，就可以向财政部门或其他管理部门申报调整预算；如果国家要求提升职工薪资待遇水平并出台新政策，或根据发展要求增减或合并组织、机构等时，高校应根据实际情况，编制预算年度调整预算计划的方案，再按照相关流程向财政部门等管理部门申请审批，待获得批准后，即可着手调整。

（三）预算执行结果报告

每一个会计年度末，高等院校都要根据主管部门的相关要求编制年度决算，汇总这一年度中预算的实际执行情况，并从以下几方面着手编制报告：①高校事业计划的进度、完成程度、执行效果的详细情况；②各个预算项目是否已经完成，是否达到收支平衡，实际收支与年初预算的差异，对差异形成原因的分析；③对实际预算活动造成重大影响的因素进行分析，分析各种因素造成的影响程度；④对预算管理过程中发现和反馈的问题进行全面分析，提出科学的改进方案，查漏补缺，不断提升预算管理水平。对预算执行信息汇总并编制报告是每一个预算年度中高校预算管理的最后一项内容，汇总分析预算执行结果的这份报告是对高校这一预算年度所有的财务活动做出的总结性报告，内容必须完整、条理必须清晰、数据必须精准，只有这样的报告才有研究的价值，才能够在编制下一年度的预算计划时提供有效的数据支持。

三、预算管理科目设置

高校预算管理工作从流程看，从编制，到审批，再到执行环节，加以调整，最后通过总结报告呈现，这样就完成了一整套的预算管理流程。为了使预算的实际执行效果达到最佳，就必须要加强监督、约束、管理、控制预算执行的力度，建立完善可靠的预算控制体系，做好会计核算工作，避免高校预算管理与会计核算分离。

（一）预算管理科目设置的基本原理

国家教育部门对于高校的会计制度做出了详细的规定，规定要求其直属高校应设置"预算收入""预算分配"和"预算结余"这三个会计科目，用于反映及调整高校的年度预算，评估预算执行的状态，能够加强控制预算的力度；建议制定并应用"约定支付准备"及"约定支付"这两项科目，能够将高校履行支付合同的状况反映出来，避免资金的不合理挪用，有效控制了预算的支出情况以高校的年度预算为单位，"预算收入"能够核算其中涉及的各项已经确定的和在调整的收入预算数，是一项控制收入预算的科目；"预算结余"能够计算出其中的收支预算的结余情况，是一项控制收支预算差额的会计科目。

高校在年度预算下达时，将各项收入预算金额计入"预算收入"科目的借方，将各项支出预算金额计入"预算分配"科目的贷方。期末，预算收支金额相抵有结余的，将结余金额计入"预算结余"科目的贷方，反之计入"预算结余"科目的借方。

高校在年度预算调整时，收入预算金额增加，则计入"预算收入"科目的借方，同时计入"预算分配"或"预算结余"科目的贷方；反之，则计入"预算分配"或"预算结余"科目的借方，同时计入"预算收入"科目的贷方；支出预算金额增加，则计入"预算收入"或"预算结余"科目的借方，同时计入"预算分配"科目的贷方；反之，则计入"预算分配"科目的借方，同时计入"预算收入"或"预算结余"科目的贷方；在校内二级单位或各支出项目之间调整预算，将调整金额同时计入"预算分配"科目的借方和贷方。预算年度终了，将调整后的年度支出预算金额计入"预算分配"科目的借方，将调整后的年度收入预算金额计入"预算收入"科目的贷方，两者差额则计入"预算结余"科目的借方或贷方。年终结账后，上述三个科目期末余额均为0。"约定支付"指高校按照已签订的合同届时向某合作单位付款的核算。"约定支付准备"指的是高校根据合同内容准备的项目资金，这两个科目相互对应。

高校在进行内部财务管理时，应将虽已签订合同但处于未支付状态的合同金额计入"约定支付"科目的借方，同时计入"约定支付准备"科目的贷方；实际支付款项时，则借记"约定支付准备"科目，贷记"约定支付"科目，同时借记"预付或应收账款"等科目，贷记"银行存款"科目；如合同撤销，则借记"约定支付准备"科目，贷记"约定支付"科目。年终结账前，"约定支付"科目借方余额表示学校对外承诺将在一定条件下需要支付的款项总额，"约定支付准备"科目贷方余额表示学校为履行合同所准备的资金总额。年终结账，将科目余额计入"约定支付准备"科目的借方，同时计入"约定支付"科目的贷方，下年度做相反会计分录转回，两个科目年末余额均为0。

高校制定的这五项管理科目能够有效强化其预算管理的力度，不同于制度中其他会计科目的是，这五项管理科目都不参与核算高校的资产、收入、负债、支出以及净资产等会计要素，只根据合同或预算的金额记录在账簿中。这五项管理科目相互独立，一般情况下不会与其他科目发生互动。

（二）设置预算管理科目的作用

在会计体系中制定并应用了预算管理的相关科目，有利于高校内部及时获取更全面、更准确的信息，以及时做出财务管理决策调整预算管理措施，还在一定程度上完善了高校会计体系，大大减少预算管理与会计核算脱节问题的出现，加强了对收支预算的监管力度。

1. 预算执行情况得以全面反映，各项经济业务有效开展得以保证

高校对预算管理科目进行科学设置并规范使用，能够全面观测从预算编制到预算执行再到核算反馈结果的全过程，根据预算收入、预算分配及预算结余控制预算执行的进度和收支情况，将其与实际收入、实际支出项目及实际结余对比，有利于高校掌握资金收支各个环节具体情况，进而了解预算项目的完成进度和程度，掌握各个下属单位的预算资金使用情况和结余（负债）情况，并分析出各个单位在预算管理和预算执行中出现的问题，及时采取相应管理措施进行调整，以促进高校年度事业计划的顺利完成，维护高校教育事业的整体发展。

2. 年度预算调整情况得以全面反映，预算收支平衡得以保证

在预算执行过程中，预算项目和资金额度通常需要根据实际情况做出相应的调整才能确保顺利完成。然而，高校在进行追加或调增预算资金决策时，真正结合学校实际做详细考量并进行科学论证的不多，由此做出的预算调整通常要么是和学校实际需求相背离，要么学校资金无法有效保障，给收支平衡管理工作带来了极大的隐患。预算管理科目的设立和实际应用，不仅能够全面反映出预算执行的情况，还能够向高校提供全面的收支信息，以便出现特殊情况时学校做出最佳的调整决策，保证学校收支平衡。对于已做出调整的项目，学校首先要保证其资金来源，同时做好资金使用跟踪及监管，真正做到资金有保障、风险可控。

3. 已签约项目资金来源得以保证，专款专用预算管理理念得以强化

当高校与外单位达成购买设备、劳务的意向并签订合同后，通常约定在某段时间后支付货款。从预算管理的层面来看，一旦签订合同就代表产生了合同约定数额的支出预算，理论上讲，无论实际上货款是否已经完成支付，只要合约不被撤销，该项资金都无法再另作他用。提前准备好支出资金更能够有效地避免支出预算的失控。合同管理是高校财务管理的一项重要的内容，由于有些合同履行或生效的时限长达几年，在履行过程中会有某些意外情况发生，造成遗留问题，预算管理科目能够帮助学校有效处理合同问题，帮助学校做好合同管理，在追溯问题本质原因等方面有重要的作用。

高校在会计体系中引入预算管理科目，有助于校内各个单位、部门明确自身的职责和义务，完成业绩考核和工作评价，为高校编制更加精准、全面的预算报告（决算报告）提供保障。预算管理是财务管理的核心，从目前高校预算管理工作开展的实际情况来看，缺乏有效的预算管控手段，直接影响了高校财务管理效果。预算管理科目的引入和规范使用能够从多个方面提升高校预算管理能力，因此，高校应根据实际情况合理应用。

第三节 高校预算管理存在的问题及原因

一、高校预算管理存在的问题

随着高校教育事业的发展，内部管理制度日渐完善，更多的高校意识到了预算管理对高校发展的重要性，并进一步改进和发展了预算编制和预算控制等方面。目前，各大高等院校对预算管理的认知仍不够全面，在实际的实践中仍存在很多盲区，预算管理体系不健全仍是高校在预算管理方面存在的主要问题。甚至仍有一部分高校管理人员凭借经验采用粗略的估算手段进行预算编制，导致预算执行不规范，频繁调整预算项目经费额度，缺少全面、科学的预算执行情况总结报告。

（一）预算编制中的问题

1. 预算编制的前瞻性和科学性有待提高

高校以往一直将历年日常收支情况作为编制预算的主要依据，缺少科学的分析，无法根据高校实际的收支能力做出具有前瞻性的预算编制，难以对高校未来的发展产生实质性的作用。长此以往，本就预算虚高的某些部门闲置可支配的资金更加富余，而有些能够收获高效益的项目却因没有足够的资金支持，难以获得预期收益甚至在执行过程中搁浅。不科学的预算编制造成了资金分配不合理，严重影响了预算项目的执行和资金的利用效率，进而对高校教育事业的整体发展造成了不良的影响。

预算编制人员应了解学校教育事业整体发展规划，了解学校下一预算年度的发展计划，根据学校的发展方向进行预算编制工作。预算编制人员还应与其他各个部门建立长久、密切的联系，听取各个部门成员提出的优秀、可行的建议，提升预算编制与高校各方面发展的黏合度，全面为预算编制赋能增值，做出最佳的资源配置方案，实现资源的高度共享、高效利用。避免因缺少实际信息的支持导致预算方案与高校的实际需求相背离，造成预算控制失效。

预算编制人员为预算项目拟定具体的预算收支方案时，由于缺少科学的论据，会导致决策出现导向性的失误。目前，很多高校采用了新的拨款机制即综合定额的办法，用以确定各项公用经费的开支预算，但由于组成成分无法确定，计算动因不够科学，导致论证不足以制定出最科学、最合适的综合定额。而在项目支出管理方面，对预算申报的管理机制并不完善，虚报预算非常严重。

高校对预算编制的监督缺位也是造成预算编制缺乏科学依据的原因之一。预算编制是高校财务管理的一项重要工作，高校各个职能部门和二级学院都应积极参与预算编制的协调性论证，对预算编制工作进行全面监督。而实际上，财务部门承担了预算编制的主要工作，由于缺乏有效的监督，在预算中产生了一些与学校实际需求相背离的项目安排等。此外，由于高校考核经费支出的标准并不科学，预算管理部门较多关注经费进度，这种判定方式的不科学和不合理对支出预算的公平性造成了严重的影响。

2. 预算编制缺乏足够的风险意识

从高校预算管理工作开展的现状来看，主要工作内容还是对各预算项目经费执行进度统计和反馈上，预算执行过程中不同时段资金流动的规律缺乏系统分析，预算编制人员风险意识较低，对筹资需求的调研不全面、不系统，筹资能力、资金到位情况、偿付能力等方案不系统、不科学，对高校的实际情况判断不准确，造成资金筹措的进度安排和额度与高校的发展规划不匹配，直接制约了一些重大项目的推进进程，从而导致一些重大项目没能按期实现。高校债务预算编制的准确程度一直是高校预算管理工作中的一个主要风险点。众多高校为推进教育事业上的高速发展，迅速扩张了学校的规模，银行贷款成为获取资金的主要渠道的同时，巨大的偿债压力逐渐形成，有些高校不要说偿还本金就连利息都不能保证按期偿付，这种情况的出现与债务预算编制的不科学有直接关系。尤其是采用多校区模式办学的高等院校则需要承担更大的财务风险，如学校经费的投入更加分散难以掌控、办学成本增高等，这种办学模式抗风险的能力也较弱。

高校预算编制人员对收入的估算不准确，主要体现在财政投入、学费、科研经费收入及其他收入方面。每年财政拨款指标的下达相对于学校预算的发布要滞后一些，特别是项目结转资金。同时高校在预算执行的过程中还有申请追加财政拨款情况，更加剧了预算编制人员估算收入的难度，影响整体收入预算的编制；高校通常在本年末对下年度学费收入进行测算，由于新生的实际入学人数、老生的实际在读人数（因为有好多学生会在二年级申请参军）都存在不确定性，所以学费收入测算难以准确，一般是参照新生录取人数按照历年的报到率折算、老生在校人数历年的学费收入情况做增量预算，做出的收入预算和实际情况会出现较大差距；而各项科研经费由于来源、拨款方式、报账时间、科研周期等都存在差异性、不确定性，科研收入预算做到准确难度也很大。高校不管是收入预算还是支出预算，都有一些不确定因素的存在，所以两者预算都很难准确。相对而言，支出估算容易一些，但在支出预算执行时仍会存在不可控情况，进而影响支出预算科学预测，因此，高校需安排一部分机动经费保障各种突发事件的资金需求。然而机动经费的预算也是个难点，若保留的机动经费过多，会影响其他一些项目经费的安排甚至有些项目因经费不足而推迟，而机动经费过少时，则会降低高校应对突发情况的应急保障能力。

4. 预算编制方法科学性有待提高

目前，高校预算编制方法主要有固定预算、弹性预算、增量预算、零基预算、定期预算与滚动预算。实际操作中，高校大多采用增量预算方法进行预算编制，这种方法操作便捷、简单，也有理论支撑。但是实际操作被人为简化，这样编制的预算与实际情况肯定会脱节。这种预算编制方式以前一年的收支预算为基础同时结合当年实际需求，如果对前一年收支预算中非常规项目考虑得不够充分，对当年新增的项目预算考虑不全面，容易使资金在校内的分配比例逐渐固化，引发各部门盲目扩张预算项目规模，导致资金利用率逐年降低，资金浪费现象愈演愈烈，进而导致高校某些优质项目、重点项目无法获得足够的资金支持而搁置。

目前，有些高校在进行编制预算时，采用了一种零基预算的方法，这种方法常用于企业单位的预算编制中，是高校加强预算管理的一种积极大胆的尝试，但这种零基预算方法在我国高校的推行中仍存在以下几种问题：

（1）零基预算这种方式适用于管理结构精简、职责分明、决策机构明确的管理机构。实际上目前我国大多数高校还不具备使用零基预算法的条件，在无法满足应用零基预算法的条件下使用零基预算法，将造成决策单位不明确，导致高校所做出的一揽子决策中存在巨大偏差，影响资金的支配，降低资金利用率。

（2）目前这种方法只能反映出高校日常的经费收支预算，无法反映出预算内某些支出的预算，如事业发展性质和建设性质的支出预算项目，更无法反映出各部门的自有资金和预算外资金。

（3）使用这种方法对基本支出预算进行编制时，由于各下属单位、部门提供的信息数据不够准确、完整，甚至混有一些不真实的数据，导致做出的决策有明显的主观随意性，另外有些项目具有较强的灵活性，其指标范围不易确定，加剧了高校制定的一揽子决策方案的不确定性。

（4）零基预算法对预算编制的技术有很高的要求，且编制的过程十分烦琐，需进行系统的预算分析并构建数学模型，预算信息的收集和处理工作量非常庞大，使零基预算的可操作性大幅降低，难以推广。

5. 预算编制人员综合素养待提高

预算编制是预算管理的重要工作，对高校的财务管理和整体发展规划都有非常大的影响力。预算编制需要高校全员参与、全部门参与协调论证。然而，目前高校预算工作的现状是：由财务部门独立承担，不透明、不公开，下属各单位、各部门仍不了解预算编制在各部门甚至高校整体的发展中的重要性，存在预算编制仅由校领导层及财务管理部门负责的错误认知，对预算编制的参与热度不足，导致对预算编制的监督力度不足，对于预算执行中不科学、不合理的地方无法及时调整，对资金的分配、使用乃至高校教育事业的发展造成了影响。

同时，预算人员的综合素养也直接影响预算编制的规范。当预算编制人员良莠不齐时，可能会出现对预算编制口径理解片面甚至误读，从而影响预算编制的质量和规范性，容易造成资金安排的随意性，不利于资金效益的提升。比如，有些高校把立项的横向课题按照到账金额大小，区别管理，对 10 万以下的所有立项横向课题全部放在一个经费项目中核算，无法清晰反映每一个立项项目的收支结余情况，对科研项目预算管理还停留在粗放型状态，和精细化的要求相差甚远，同时该做法也违反了预算编制的明晰性要求

6. 预算编制时间不合理

预算编制的时间安排影响着预算编制的质量，编制的时间越充分，质量越高。目前，各大高校一般在每年的 12 月份才下达下一年度预算编制的工作通知，要求 1 月份完成，只有不足两个月的时间。然而预测编制需要收集并整理、分析大量的数据信息，这段时间不足以预算人员找到充足的论证，更不够对重点项目做出细致的分析。匆忙地收集、整理、统计及分析大量的数据信息，再高的工作效率也仍然无法弥足预算编制时间的不足，因此，造成了预算编制的质量低、不准确、没有足够的科学依据，在未来预算执行的过程中产生追加经费是必然存在的问题。时间的不合理，对预算管理的严肃性、科学性产生了严重的影响。

（二）预算执行过程中存在的问题

高校编制的预算，一经批准，即具有权威性和严肃性，应严格落实。目前来看，高校在预算执行过程中或多或少存在一些问题。

1. 预算执行机制不健全

目前，高等院校监督、管理、控制预算执行的机制仍不完善，导致实际支出与预算编制口径不符的现象时有发生。部分高校内部的预算拨款管理仍使用传统的成本中心模式，向管理部门分配预算支出的指标，再由管理部门向院系或具体预算项目逐级分配预算支出的指标，而在实际执行中，由于预算管理的监管力度不足、编制不够详细、中间环节缺失监督管控等问题，造成预算下级单位、部门资金短缺，影响高校整体的发展。

2. 预算执行缺乏约束力

高校预算一旦通过了审批，校内任何单位、部门或个人都无权再做更改。但在实际预算执行时，预算的权威性和严肃性都得不到应有的重视，预算执行、预算调整比较随意。同时，高校在预算收入方面存在入账不及时和长期挂账的问题，直接导致财务报告数据失真；高校支出预算方面也存在很多问题亟待解决。

3. 预算下达不及时

高校的校内预算一般会在当年 4 月份前后下达，下达时预算年度已经过去了四分之一，也就是说，在这四分之一的时间中高校没有有效的预算管理，为了维持运行只能参考上一年度的指标分配情况做赤字预算，这种赤字运算对高校当年的预算执行埋下了巨大隐患，不仅影响了预算的权威性及执行的严肃性，还对高校管理造成了不利的影响。

（三）预算控制中的问题

预算控制是高校预算管理中的一项重要内容，只有建立完善的预算控制体系，强化对整体预算流程的监管力度，才能使科学的预算方案达到预期的效果。目前仍有很多高校对预算控制没有充分的认识，预算控制体系不完善，控制力度不够导致预算管理部门无法快速对预算执行中出现的各种问题作出反应，其权威性逐渐降低。预算控制体系通常包括事前、事中、事后三个阶段的内容。

1. 事前控制的问题

大多数高等院校对教育事业没有详细具体的长期发展规划，校内资源的配置存在很多不合理的地方，甚至部分高校没有对当前年度和下一预算年度的财务状况、运营能力、资金的流动性等做出详细的分析和判断，这些现象都表明高校存在着预算执行前管理不当的问题。此外，事前控制不当还包括预算下达延迟的问题。高校的预算包括了整个预算年度内的事业规划、收支项目以及高校当前年度的发展目标等，预算下达前，高校没有有效依据来进行预算管理工作，只能参考上一年度的预算编制及执行情况进行当前年度的预算编制，导致事前控制变成了事后的预算，失去控制作用，而这种情况必然会导致高校预算脱离实际，预算不准确、不科学，致使高校对未来的预算项目的事前控制力度降低，影响高校预算管理工作的有效开展。

2. 事中控制的问题

我国高校预算管理偏重事后控制，事中控制重视不够。其实，预算一经批复，高校就应做好事中监督控制的准备。由于高校对预算执行期间的管理受限，且缺乏事中管控的责任感，导致预算管理部门无法实时详细地掌控预算的执行情况，无法在预算即将超标或需要追加经费支持时做出科学合理的分析。此外，对于预算申报口径与预算支出口径不一致导致难以控制支出预算的问题，高校仍没有找到有效的解决办法。事中控制力度不够导致不合理的支出现象频繁出现，导致了资金的浪费，甚至滋生了腐败，产生了公款私用的现象。为了确保预算事中控制有效，高校应该高度重视对预算执行过程和审批制度的监督、控制力度，在审批权限方面，明确各单位、部门及个人的审批权限及需要承担的责任，规范各个部门负责人的审批范围，充分考虑彼此之间的权利牵制问题，规范审批流程，避免发生重复审批，保证预算能够高效、如期完成。此外，事中控制还需依据成本效益原则和重要性原则，简化一般项目的执行程序，严格管控重点项目经费使用，保证重点项目顺利完成，提高资金的利用率，保障学校的发展。

3. 事后控制的问题

目前，高等院校仍未全面认识到事后控制对预算执行的重要性，大多高校对财务审核、把关关注比较多，对财务数据（预算支出）的分析重要性认识不够。一般认为只要对预算支出的合规性把好关，不出现超预算列支、无预算列支等情况就认为预算执行状态良好，但这种认知是片面的，只有做好事后分析工作，才能更好地掌控预算的执行情况，进而做出更加科学可靠的预算编制。事中控制不足直接影响了预算执行数据的可靠性，导致事后控制无法获得可靠的信息支持，无法做出准确可靠的分析结果，难以对下一年度的预算产生指导性意义，无法激励校内全体成员共同参与高校的发展。

（四）预算评价中的问题

1. 预算评价归口部门不明确

高校设置的各个部门都属于预算执行部门，只有全部教职人员共同参与预算的考核评价，才能够全面发挥预算管理的激励和约束作用。然而实际上，我国高校预算评价职能界定不清晰，归口部门不明确，预算评价的体系尚不完善，预算评价无法全面实现，再加上每位教职工对预算的评价高校也缺乏全面掌握，从而难以制定出能够有效激励和约束教职员工的绩效考核制度。

2. 预算评价内容不具体

高等院校预算的评价体系涵盖对预算执行效果的评价和对预算组织工作的评价这两个层面，其中包含对预算编制的准确性、执行情况上报的及时性、控制分析的有效性等方面的权衡。关于评价指标的设定，高校可以引入平衡记分卡的考核形式，将财务指标、非财务指标考虑在内，评价预算流程、员工的成长进步空间以及高校的发展潜力等方面。评价指标应具备简洁明确、易于操作的特点，且能够长期稳定地帮助高校完成内部自查工作，分析并总结预算执行经验，长期约束员工的行为、激励员工参与预算的编制。

3. 预算评价方法不科学

目前，高校的预算评价存在片面、过于简单等问题，得到的评估结果不够科学，进而无法制定严谨合理的奖惩措施。高校预算评价的方法除了固定的年终考核之外，即于预算年度末综合分析评估各部门预算项目的完成情况，还可以开展阶段性定期考核和随机性强的突击考核，防止机会主义，做好实际预算执行情况与预期目标之间差异分析，确保责任落到实处。目前有些高校在预算编制和预算执行中还存在一些不合理和不可控的因素，所以实际预算评价结果与设定的评价目标值偏差较大。况且高校预算评价体系本不够完善，评估的结果具有较强的主观随意性，致使实际的评价结果无法全面、有效反映当前预算年度预算执行实际情况，更不用奢望对下年度的预算编制起到指导作用。

4. 预算评价制度不健全

科学可行的预算评价标准有助于高校制定严肃公平的奖惩制度。奖惩制度公正透明能够激励全体员工努力完成考核目标，督促员工约束自身的行为，促进高校早日实现战略目标。然而，目前各大高等院校的预算评价缺少科学有效的激励机制，奖惩制度不完善、奖惩方式单一，奖惩制度落实不到位，把奖惩制度挂在墙上了事的现象不在少数。还有高校由于对预算评价过程缺少有效的监督，致使各部门为满足自身资金需求，虚报资金预算，导致大量资金闲置，造成资金的浪费。

二、高校预算管理不力的原因分析

（一）对预算管理的认知不充分

许多高校对预算管理的作用没有充分的认知，这一点也会导致预算管理工作难以顺利开展。预算涉及高校所有方面的发展计划，预算管理需要全部职员共同参与和执行。目前我国不少高校认为预算和财务预算就是同一回事，把预算等同于财务报表和资金分配指标，视财务预算为财务活动的预算编制，包括很多高校领导都认为预算是学校财务部门负责的工作。进行预算申报时态度随意，对预算的执行不严格，由此产生频繁地漏报、错报现象。甚至有部门根据财务部门提出的项目，汇报工作充满主观性，虚报、多报经费，造成预算严重失衡，导致预算编制与预算执行严重脱节。

大多高等院校只关注实际使用经费总额是否超出了支出预算，缺乏对预算管理的系统认知，不够重视经费是否按照预算计划投入各个项目中，导致每到预算年度后期，各部门为预防下一年度经费减少盲目开支，任性消耗预算额度，造成了难以管理、资金使用混乱的局面。甚至有部分管理人员认为强化预算管理力度会抑制教职工开展教科研活动的热情。

高校在预算管理过程中较多关注资金的分配，只看到了全面的预算管理对整体教育事业发展的影响，实际上忽略了对资金使用过程的管控，以及对业务活动的监督管控。高校的预算管理系统并不完善，预算编制、业务活动等很多环节缺少有力的管控，缺少统一、完善的管理制度，预算管理中存在的各种问题，导致财务工作主观性强，进行困难。理论上来讲，预算管理不仅管理高校预算年度的各项预算项目的财务指标，还应将管理、教学、发展、科研等所有环节考虑在内，设计出详细的事业发展目标和计划，统筹管理财务、资源、业务，最大限度地发挥其在发展预测、财务筹划、组织协调方面的综合职能。

（二）外部环境的复杂性

随着市场经济的快速发展，我国高等教育事业的发展日趋国际化，各大高校所面临的外部环境日趋复杂，对我国高校预算管理工作的开展带来了一些影响：

近年来，高等院校之间的竞争愈加激烈，各大高校不断扩大招生规模，很大程度上影响了高校的预算管理，如收入管理中学费收入这一项不断增加，学校规模扩建、教职员工队伍的扩充、教研能力的提升等都会造成高校实际支出总金额的剧增。高校激烈的竞争导致很多学校中一些缺乏专业特色或教学质量低的专业项目或者高校无法招收足够的生源，无法完成每年的招生计划，无法做出准确的学费收入预算，而其他各项预算计划也随着学生数量的变化充满不确定性，导致预算困难。

目前许多高校为满足扩招的各项需要，也为了达到教育部的评估、考核要求快速扩张规模，背负着巨大的银行贷款压力，甚至有些高校单次贷款额度就达到或超过学校 3~5 年预算经费总额度，仅靠学校自身财力不要说本金，连利息都无法保证能如期归还。为避免出现巨额的赤字财政，高校要么将全部贷款挂在应付款项目中，不列入预算中，要么将全部贷款列入预算，但只将当年的收益用于偿还贷款的本息数列入预算收支中，未偿还的部分仍挂于应付款项目中，粉饰预算的收支平衡，对预算的真实性造成了严重的影响。

（三）预算管理中的信息不对称

信息不对称在高校的预算管理中主要体现在：

1. 高校和政府主管部门之间。主要表现为二者对高校预算项目的具体情况了解程度不同，高校预算项目能否批准立项、额度多少，很大程度上取决于项目申报者的综合能力以及决策者的态度，因此导致了严重的虚报预算的问题。

2. 高校高层领导和预算编制人员之间。高校为满足生存、发展的需要，为不断提升社会价值实行预算管理，希望预算编制人员能基于高校的实际发展情况，结合高校的发展规划和战略要求完成预算的编制，但在实际预算编制过程中，高校领导与编制人员之间存在巨大的信息差，编制人员需要综合考虑各方面的因素，要考虑收支预算的平衡及预算的执行等各种问题，因此，做出的预算编制往往脱离了高校的发展目标。

3. 预算的编制与执行之间，预算的编制方和执行方基本处于相对立的方向，预算编制人员为了学校的各项活动能够有序开展，通常会将支出预算的指标定得稍低，而对于作为预算执行方的高校各个下属单位及部门来说，他们都希望获得较宽松的预算，较高的支出预算指标能够缓解他们支配经费的压力，保证项目的顺利执行，双方信息的不对等将导致预算编制人员不了解哪些项目才是真正需要资金支持且收益潜力巨大或对高校发展比较重要的优质项目，进而无法合理分配资金，影响预算资金的整体效益和高校重点项目的推进

（四）缺乏有效的权力制衡机制

预算管理中容易产生各种问题的一个关键性的原因，就是从预算的编制到执行再到评价的全部环节中没有完善权力制衡机制发挥监督、控制的效用。传统预算编制需要经历三个管理级层的审批，才能具有真正的效用，而在现行的预算管理体制中，职工代表大会不再具有更改预算的权利，只有否决预算权，但不影响预算的编制，因此，预算的编制方面仍缺少有效的监督管理机制。预算编制部门通常会保留一部分机动资金，用于应对突发事

件，实际上，这部分资金在用途方面并没有严格的限制，大多数情况下被用于弥补预算项目经费超标造成的经费损失中，这种行为虽然表面上保障了项目的执行，但对预算评价的考核造成了消极的影响，使执行预算的部门产生了"项目失败仍有经费填充"的错误认知，大大消减了预算执行完成效果好的部门及职工的积极性，如果这一过程中有完善权威的制衡机制，那么不仅能够保障所有项目都能顺利有序地进行，预算资金灵活补充进真正需要的项目中，还能够以有效的奖惩措施避免资金浪费甚至贪污的行为，一方面提升资金的利用率，另一方面奖励工作出色的人员，对虚报经费预算、不遵守规章制度的部门及人员实施相应的惩罚，充分调动各级部门、全部职员执行预算的积极性，使高校更好地掌握资金的收支管理，完成教育事业发展计划。

（五）高等学校预算管理改革滞后于部门预算改革

高校预算管理可以借鉴政府部门预算管理经验：①定员定额进行基本支出预算的编制；②滚动管理延续项目；③做好预算绩效的评价工作。自 2000 年以来，财政部门预算实现了从"基数预算"到"零基预算"的转变，从"年度预算"到"滚动预算"的转变，从"投入式预算"到"产出式或绩效式预算"的转变，这几个转变使财政预算水平得到质的提高，部门预算不断细化、规范。虽然各大高校在此期间也做出了许多尝试，但收效甚微，目前预算管理的方法和成果仍落后于政府部门。高校预算的审批不严格，预算的分配不合理，高校预算管理制度不完善，缺少各个环节的管控机制，缺少权威的管理手段，尤其在进行预算编制时，主观认定成为主要预算依据，造成预算计划与实际执行情况严重脱离，进而影响全体高校职工参与校园建设的积极性，严重影响了高校的发展。

目前看来，政府财政部门对比各大高校做出的预算改革十分超前，但二者的运营本质上有很大的区别，不能以前者为标准衡量高等院校的预算管理。高校性质的特殊性和业务的复杂性是其预算编制困难的最根本原因，尤其在国库集中支付这一政策实施后，高校想要调整大额资金就更加困难，突击使用经费更加频繁，资金利用率更低。对"零基预算"这一编制方法进行分析，虽然其在预算编制方面具有很多优势，但这一方法对预算管理业务水平有较高的要求，当高校的预算管理水平达不到零基预算的基本要求时，即使采用零基预算进行预算编制，那也只能是有其形而无其实质，过度追求预算编制的方法而不考虑学校的实际只会舍本逐末。而绩效评价这一方式更适合用于工厂或生产企业，高校教学研究、培养人才、社会服务等活动的性质均不同于工厂，因此无法以工厂及企业"生产产品"的形式量化高校的社会效益或经济效益。

（六）高校总体管理水平有待提高

在预算管理中，高校总体管理水平偏低是造成高校预算管理编制、预算控制、预算评价等环节运行效果不佳的原因之一，其具体表现在以下几方面：

1. 忽视了"全员管理"。管理不只是领导者的职责所在，需要全体成员共同参与，通过自我约束和相互监督来实现。全员管理不仅是对全校成员实行的监督和管控活动，还需要建立一个包容的管理体制，让高校全体成员都能够参与进来，让每一位教职员工都能够参与管理，自主地为校园的建设做出贡献。高校的所有领域都应该实现全员管理，尤其是预算管理中。如果高校没有做到全员管理，由财务部门全权负责预算管理工作，那么预算编制人员很难详细了解高校的发展情况和战略决策，难以根据实际各院系的具体情况、预算项目的性质等做出科学合理、切实可行的预算编制。同样在预算执行中，缺少全员管理环节则会导致各部门执行预算的能动性不强，经费使用规划的编报不详尽，无法做到在执行过程中控制项目的每一笔支出。全员管理的作用在预算评价中最显著，目前许多高校在制定预算评价的考核标准时，预算管理人员调研不充分，所做的考核标准往往与实际情况不符，造成教职员工对高校的发展建设积极性低、能动性差，导致下一年度预算编制脱离实际，经费被浪费。

2. 高校管理过分追求高效率和高回报。高校采用任期制聘用中高层管理人员，这些管理人员都想在任职期间尤其在预算有限的情况下做出更多业绩证明自己，而大量组织发展项目，期待短期建设项目快速产生反馈和回报，很少能从长远发展的角度进行审视，导致在高校发展决策方面出现短视现象。

第四节　高校预算管理的改进与加强策略

高校预算管理工作的改革和发展，有利于高校财务管理向制度化、现代化方向发展，有利于落实高校内部管理规范化、秩序化。高校应结合本校的办学实际，从预算编制、预算审批、预算执行及预算评价四个方面，完善和细化预算管理制度，提高预算编制质量，硬化预算约束，促进学校可持续发展。

一、高校预算管理改进与加强的基础工作

（一）从认识层面重视预算管理工作，强调预算管理的全员参与

高校所有层面、领域的发展都离不开预算管理工作，由此可见预算管理对高校的重要性。高校应向下属单位部门全面普及预算管理对高校整体发展的重要意义，使高校管理层更深切、更全面地认识预算管理的作用，调动各个部门积极参与、主动配合预算管理工作，建立、完善预算管理工作流程。预算管理工作是一项系统工程，需要全校成员共同参与，财务人员无法独立完成。高校应发挥最高领导层的引领作用，各级部门职员尤其是管

理人员应明确自身职能和责任，充分发挥自身能动性，积极参与配合预算管理工作，不断完善和调整预算考评机制，严格按照预算方案落实到位。

（二）加强预算管理制度规范化建设，完善高校预算管理体系

提高预算编制的精准度、建立健全的预算管理机制、限定收支范围、强化预算执行流程的监管力度、建立贴合实际的预算评价考核标准对高等院校来说十分重要，高校的预算管理工作越细致，获取的相关有效信息就越多，就越能够应对处理复杂的业务活动和管理活动。参考借鉴政府部门的预算管理措施，即定员定额管理支出预算，实行零基预算、按照顺序滚动管理延续性项目、推广实施预算绩效评价这三项管理手段。预算编制人员应与各部门保持沟通、反复确认支出预算的额度，按照项目的重要程度逐一评估审核每一项支出的明细和依据，对每一个项目的收支情况做出细致的分析和核算，监督预算执行过程，若发现异常情况，及时处理并找出原因，避免类似的问题再次发生，根据项目完成进度及时做好验收、评价工作。

（三）建立预算委员会，完善预算管理组织

高校应设置完善的预算管理组织，以便于强化预算管理。健全的预算管理组织或机构应包括预算委员会、常设预算管理工作组（直属于预算委员会，负责日常预算事务的处理，由学校总会计师或财务处长负责）及预算责任网络，其中预算委员会是最重要的部分。

预算委员会是高校预算管理的组织或机构，由校长直接领导，能对预算管理做出最高决策，主要负责审核校内各个下属单位和部门提出的预算申报。如今，预算委员会主要由校内各个院系、下属单位及部门的负责人组成，分管各级的领导即为主体。目前，很多高校在实际的预算管理中采用了分层次管理的办法，为了使预算的编制能够更加准确，满足高校整体教育事业发展的要求，高校可以通过建立预算委员会加强预算的管理工作，使资源配置更合理。预算委员会是以教授为主体的组织，在校内选出声望高的教授以及教育管理、人力资源管理、财务管理、审计、资产管理等方面富有威望的专家、教授成为预算委员会的成员，保证组织的权威性决策的科学性，遵从"教授治校"这一教育理念。

将主体是校内各级领导的预算委员会与主体是教授的预算委员会相对比，一方面，后者有充足的知识理论支持，更能做好收支平衡规范，能更好地掌握并灵活运用较先进的预算方法如零基预算和绩效预算等，提升预算经费的利用率，推进预算管理科学化，另一方面，将管理与教学工作相结合，促使教授教学更加积极，为高校教育改革提出更好的建议，促进高校教育事业的发展。然而，教授虽无法取代校领导在预算委员会中的决策地位，但为高校的预算管理提出科学、合理的改革意见，有效提高预算决策的科学性，预算委员会向高校校长办公会提交议案，由校领导集体决策。为了制衡预算管理中各级领导的

决策权力，高校可以成立大学理事会，进而全面监督高校各级领导的预算决策科学性。大学理事会主要职能是监督高校的运行状态、规划高校的整体发展方向、审批各项经费预算及各个项目的投资，属于决策机构。校长可以担任大学理事会理事，但和理事会其他理事享有同等权利，这样，高校领导者的预算管理权力被分散，有利于高校更好地进行预算决策整体管控，有效监管理事会的各个管理成员的权力行使。

二、预算编制的改进与加强

（一）树立预算编制的全局观念

高校在编制预算方案时应围绕高校整体事业计划进行，树立全局观念，根据高校各个阶段的战略决策，结合高校实际发展情况，细化预算编制方案，合理安排各项预算的分配，科学规划各项预算项目的实现路径和方式，科学估测预算编制方案对高校整体发展的影响。此外，预算编制人员在进行预算编制时应调动全体职员积极主动地参与配合预算编制工作，做出最全面、最贴合实际、最准确的预算编制。

（二）做好预算编制的基础工作

在预算委员会的带领下，高校应快速组织成立专门的预算编制工作小组，专门负责预算编制工作，严格核查各部门预算上报情况，做好预算的定额、分配和调整调度工作。高校各个部门应安排专人负责预算编制的数据上报、反馈协调等工作。预算编制工作由财务部门统一扎口，负责统一预算口径，规划每个部门负责编制预算的专员的职责，由预算编制小组向各部门规划预算目标，基于高校的发展实情结合战略规划，审核、汇总各部门制定提交的预算方案，以综合平衡为原则提出合理的修改建议，保障高校发展的总预算方案准确可靠。在进行年度预算编制前，高校必须仔细学习和研究上级主管部门下发的相关文件，全面、细致地了解教育政策的变化和新一轮预算年度的收支标准；牢牢抓紧高校新一预算年度中预算管理工作的要点，明确各个常规项目和重点项目，保证预算的编制贴合国家政策，具备较强的科学性；做好高校预算年度招生规模、数量、教职工数量和毕业生数量等的统计和核实工作，并将数据与上一年度的数据进行对比，合理安排工作量，以保证预算工作的准确性。

总结上一年度的预算管理工作经验和不足，认真分析预算指标数与实际发生数的差异，深层次分析原因并提出改进措施。广泛收集和汇总各单位及部门的建议，并采纳合理的意见和建议，为下一年度科学预算编制及高效执行做好铺垫。

（三）协调高校预算与财政部门预算

目前高校预算改革相对政府财政部门而言，已处于非常落后的状态，财政部门应尽快出台相关预算调整办法和审批程序，尽可能满足高校预算管理的迫切需要。在相关政策出台前，高校在进行预算编制时应做到：①高校预算与部门预算编报的时间应有效衔接。高校预算通常在上一个预算年度末着手编制，在预算年度初期将编制方案下发到各个单位和部门，而部门预算编制的时间往往早于高校，为了配合部门预算，高校预算编制时间也需要适当地提前，保证两项预算编制的时间能够有效衔接，确保预算编制顺利进行；②重新修订会计科目。目前，高校预算与部门预算存在会计科目的内容、科目设置及核算口径不一致的问题，对预算执行造成不利的影响，预算管理人员难以控制预算的执行，只有进一步统一预算会计科目的设置，核算口径及支配范围，丰富科目的内涵，才能真正实现高校预算和部门预算的协调发展。

（四）多种预算编制方法结合使用

目前，高校预算编制的方法存在很多不合理之处，严重影响了预算管理的实施结果。预算编制方法的改革迫在眉睫，但这并不意味着舍弃已有的编制方法，采用全新的编制方法，而是在高校常用的预算编制方法中融入一些新的预算编制理念，如绩效预算、零基预算、滚动预算以及复式预算等方法，结合高校实际情况，灵活运用，使编制方案更加科学合理。

零基预算即以零为起点设置支出预算的预算编制方法。这种编制方法不同于传统的编制方法，能判断每项支出预算的必要性，还能够重新分析和研究每一项支出预算的具体额度。高校可以使用零基预算这种方法核定各个部门和项目的支出预算数额，如按标准重新核定每一位教职员工的工资，以较为准确地做出工资性支出预算；重新划分各项教育支出和其他各项科研经费的类别，根据具体的项目做出较为精准的预算编制。零基预算的方法能够帮助高校优化支出结构，节约经常性的支出，优化资源配置，使高校最具发展前景的战略性项目获得充足的资源。零基预算明显优越于传统的增量法。

高校可以灵活运用复式预算法编制建设性的支出预算。高校应对总预算进行项目分类，分成经常性支出和建设性支出，创建建设性支出预算的项目库，并依据重要程度对项目进行排序，结合高校的资金资源现状做出最合理的分配方案，并根据各个项目的实际执行情况及时灵活地做出调整。在执行建设性的支出预算项目时，需综合考虑高校经常性预算的支出情况和收入预算，再对建设性支出预算项目的经费额度做出调整。使用滚动方法管理中长期的预算项目，依次递补资金供给，结合高校的实际情况不断调整或改进、完善这些延续性的项目，灵活协调，避免因项目执行时间过长导致项目在执行过程中脱离实际，盲目进行。做好预算项目的编制工作有利于预算顺利执行达成预期目标，才能为下一年度的预算编制提供更好的参考和指导，提高预算编制的准确性和科学性。

绩效预测是一种针对校内部门的预算编制方法，指的是将各部门实际完成的工作任务、完成的业绩、产生的效益以及对高校的贡献作为部门预算经费额度的评定标准，以浮动的激励措施促进教职人员完成更多的业绩，进一步加强高校管理、监督部门经费预算的力度，完善考评制度。

（五）远近结合，编制中长期预算

对高校来说，中长期预算编制不仅能够辅以赤字预算，更准确地为高校的延续性项目做出方案，还对高校的可持续发展有重要意义。可持续发展是我国高等院校长久立足和运转的首要目标，编制中长期预算为高校实现目标提供了最基本的保障。因此，中长期的预算编制需要建立在高校长远发展计划上，为未来三到五年预期甚至未来十年预期的更高层次预算做准备。编制中长期的预算时，应结合高校的整体发展和运营，以可持续发展为原则，紧靠战略目标实行编制，另外，还需要注意各种预算因素在不同阶段的变化，根据变化突出相应的预算重点，兼顾当前阶段和未来的发展。

（六）适度赤字预算

"量入为出，收支平衡"一直是高校预算管理工作遵循的基本原则。但高校应紧跟时代的进步和教育的改革，突破传统的预算编制理念的限制，在条件允许的情况下可以适当引入赤字预算。目前，各大高校为追求更好的发展和更大的教学规模，支出预算逐年增长，资金供求方面的矛盾愈加激烈，赤字预算的适度运用能够有效保障重点项目的执行，保障高校事业计划的实现。但要注意的是，这种赤字预算不可以是永久性的预算活动，只能在特定的条件下根据特殊情况短期存在，必须能够在一定时间内通过资金统筹安排实现总量平衡。

赤字预算是特定的时间内用于编制预算的一种方法，能够辅助高校临时调整预算项目的编制，将资金资源迅速集中，为高校完成中长期的发展规划提供有效支撑，保证重点项目顺利执行。赤字预算打破了编制预算的常规模式，能快速抓住发展机遇，通过快速提升高校的科研水平或者办学条件来提高高校综合竞争能力。编制赤字预算能够帮助高校权衡财务经费的分配，避免通货膨胀可能对教育资金带来的负面影响。由此看来，适度编制赤字预算对于高校的发展非常有利。高校中长期预算编制应紧密结合学校实际情况，在原有的常规年度预算编制方法外适时引入赤字预算，为高校更多稳定的长期发展项目提供资金支撑，帮助高校在未来的长期经济活动中实现动态平衡。中长期的预算编制能够与赤字预算编制方法相适应，在年度预算出现赤字或者产生结余时，高校可以在未来二至三年时间里，实现灵活的自我调节，实现在贴合高校实际的情况下做出更加准确的预算编制，进一步提升资金的利用效率和收益。

（七）下属部门编制责任预算

高校的下属单位及部门在行使支配预算经费的权力的同时，也要承担起预算编制的责任。编制责任预算，首先应该为预算的编制制定责任标准。各级部门应在申报支出预算的草案时，同时提交支出预算经费的申报报告，并在报告中将各项预算经费的金额标准、规划原因、责任目标、预期使用时间以及相关证明、责任书、承诺书等予以明确。财务部门将收到的报告资料归纳整合，编制资金流量计划表和预算收支报表，提交到预算委员会，由预算委员会进一步讨论。高校的各个部门作为责任中心，如果将设定预算期内责任目标的工作全部交给各个部门完成，将得不到有力的管控，导致预算管理松散，而由预算委员会单方面设定，则很容易导致目标脱离实际，因此，只有将二者结合，才能够设定出最理想的责任目标，做出最佳的责任预算编制，其流程是：制定方针—责任中心编制—责任中心上报—学校汇总—委员会讨论决定。

（八）合理确定预算收入，科学安排支出

预算编制包括支出预算编制和收入预算编制。各项收入预算必须根据稳定性原则进行，将高校合法、合规且在常规条件下可实现收入的项目，全部纳入收入预算编制中，纳入预算的项目必须有可靠的经济依据，既不可以高估、虚报收入，也不可以隐藏、少报收入，避免使用不可靠的收入信息混收入预算的编制，对支出预算的编制产生影响。此外，高校还应向下属部门落实收入预算的编制工作，追溯收入的来源并预测收入数目，按部门逐一汇总收入预算编制中，保障预算编制的准确性。高校的商业性质贷款也可以看作是一项收入预算，必须有基本建设支出预算项目与之对应，但从原则上来讲，商业银行贷款在预算的编制中一般不得用于高校基本建设性支出之外的项目支出。

高校的支出预算编制工作讲求实事求是，要求有一定的科学依据，追求客观事实。高校在编制支出预算时应结合实际，一方面，所编制的支出预算必须金额明确，并且能够将执行单位或部门的工作成果真实地呈现出来。另一方面，高校应重视支出预算的编制结构，按照项目的重要性和轻重缓急程度合理安排支出预算，提倡勤俭节约。根据不同的院系和部门中经费的用途和性质差异，根据不同分类、分档编制公用经费的支出预算，院系可以按照教职工人数、学生人数，根据日常维持费用等采用专项定额与综合定额相结合的方式编制公用经费的支出预算；行政部门依据不同的职责采用分类分项定额的方式编制支出预算，其中包括教改项目和学科建设等特殊的专项补助支出项目；后勤依据经费的用途、成本消耗、工作量等，分别采取相应的标准编制支出预算。

三、预算执行的改进与加强

即使预算编制得再全面、科学，若没有按计划有序地执行，只能是纸上谈兵，毫无作用。因此，严格按预算执行能够保证预算管理落到实处。

（一）完善国库集中支付制度

国库集中支付能够为高校预算项目的顺利执行提供保障，进而保障其执行效果。完善这一支付制度的方式有以下几种：①修订该支付方式相关的各项法律法规，建立完善、合理的管理制度；②保留或为高校设置基本账户，作为非税收入过渡账户，用于集中汇缴高校的非税收入，完成记录、归集以及结算等业务；③允许学校零余额账户向学校基本账户和基建账户转付特定的资金，以解决项目资金归属、基本建设拨款、向后勤集团和分校区划拨资金等国库改革中遇到的各种问题。

（二）强化内部控制

为了保证预算能够顺利执行，高校应建立完善的内部控制机制，强化内部控制。高校的资金资源是有限的，因此要想保证预算项目按计划完成，就必须要加强对财务活动的监管力度，全程监督控制资金的收支情况，避免资金使用出现异常和贪污的现象，使各项经费产生更大的使用效益，达到预期执行效果。高校应从各个方面完善支出的内部控制体系，例如，按照标准限定招待费、差旅费等公用经费的支出；资产采购实行归口管理、统一采购办公设施、各种耗材并规范其领用，做好收支明细和仓库存取记录；各部门的水电费实行包干；教学科研仪器设备采购与使用实行全校统筹，建立全校统一的实验中心，实验中心运行要制定详细的管理办法，明确实验中心按照企业成本核算方法实行内部核算，实验室设备使用收费标准及收费用途及资金管理。

（三）强化校内采购管理

高校规模不断扩大，而内部管理权却逐渐分散，同时，采购商品的多样化等原因也加大了高校物资采购工作的难度。而且，政府采购审批严格、流程复杂，采购所用的时间一般较长。因此，高校应强化校内的采购管理工作，尽量按照年度使用计划统筹采购，在目标达成的前提下缩短政府审批时间，提高采购效率，保障预算项目的执行。

（四）细化预算

详细、明晰的预算方案是预算项目得以高效执行的前提。从内容、目的、责任、经费等全方面细化预算项目，并细化到个人，不仅能保证各个部门及个人严格按照相关规章制度执行预算项目，在预算执行的各个环节中找出节约成本最有效的办法，还能明确每个人的责任，谁的问题谁负责，有利于对最终的预算执行结果做出最科学、准确的考核和评价。

（五）人本管理

人本主义现已融入高校的方方面面，包括预算执行。高校利用各种内在的激励手段刺激教职工积极主动地执行预算项目，使预算执行成效显著。从根本上来看，预算执行以财务指标为中心，但其本质上是对人的管理，因此，想要预算执行达到预期效果，就必须抛弃"以物为本"的旧思想，充分调动教职工的能动性，摒弃"绝对服从"，坚持以人为本进行预算管理。以人为本的管理理念的核心就是要将财权、事权适当下放，监督权以及处置权由高校集中管理。人本管理能够使高校形成互帮互助、互相尊重的良好工作、学习氛围，有利于培养教职工的主人翁意识，增强其责任感，进而达到事半功倍的预算执行效果。

（六）严格预算执行

高校经费有限，预算一经审批原则上不再变更，高校采用的静态预算导致高校的资金在实际分配时，供求矛盾非常突出，因此，预算管理部门应严格监管预算执行期间的资金使用情况，严格管控预算经费调整，各级单位和部门应按照预算口径，在经费预算的额度内完成预算项目的执行。如有项目确需预算调整，必须依据规定按照流程提出调整预算的申请，申请通过后，按新预算方案执行。高校应明确各部门领导及员工的各项权利和责任，设定审批权限，保证已批准的预算不被随意更改，确保预算严格执行。另外，高校应加强对支出预算的管理，各项支出必须有原始凭证，能够证明其合法性，杜绝无预算、超预算、无原始凭证的预算支出，各级部门应对每一项支出负责，将责任细化到个人，做到按规定执行预算，不超预算。严格预算执行，在执行过程中监督控制资金流向，保证预算管理的权威性和严肃性，当出现特殊情况必须调整预算时，应按规定程序报批后方可调整

四、预算控制的改进与加强

（一）加强事中控制

加强事中控制主要表现在两个方面：①加强对预算的约束，以预算为核心控制各个预算项目；②加强对执行过程中的管控，实时掌控预算的执行情况，避免实际支出超预算。预算编制未获得批准前，各部门只能将上一年度同一时期的支出作为安排这一时期支出预算依据。预算通过审批下达到各个部门后，除国家政策变化或者高校的招生规模发生变化等不可控因素外，预算不能擅自更改，因此，就需要做好预算的事中控制，高校可以采取按月份、季度或者年度拨付预算款项，有效掌控预算执行进度，平衡收支预算。此外，高校应提升预算编制人员的专业程度，在尽量贴近高校的实际发展情况下进行预算编制，提高预算编制的严谨性。

（二）改进预算控制方式

高校通常从横向和纵向两个方面实现对预算的控制，因此，可以从这两个方面改进高校控制预算的方式。首先，高校应完善预算控制机制，全面控制各项资金的收支情况，明确各级管理部门的职能和责任，使各个部门相互配合，协调工作，共享信息资源，实现预算控制的横向改进。其次，应组织财务、审计等部门集思广益建立健全预算控制体系，实行预算管理全覆盖，实现预算控制的纵向改革，高校需从资金的审批起严格监督、控制资金的流向和使用情况，掌握预算项目的执行情况，辅以预算绩效评价强化对预算的控制。最后，高校应保持预算公开、透明，定期向高校所有部门及师生公布资金的分配情况，分享校园的建设情况，接受全体教职员工和学生的建议，建立有效监督反馈机制，全方位改进预算控制的方式方法。

（三）改进预算控制手段

1. 设置多段监控点

财务部门应采用分期分额拨付资金的方式控制预算执行各个阶段的预算额度。有些高校利用计算机报账系统辅助管理高校日常经济活动，通过设置多段报账系统监控点监督经费收支情况，控制预算的支出速度和流量，保证收支平衡，避免经费的浪费和突击使用，提高资金的使用效率，此外，使用计算机报账系统有利于评估预算评价的真实性，帮助高校筛选真正有意义的评价。结果目前，大多数高校仍采用半年制实施监控，通常设置上半年可用支出预算额度为总预算的45%，其余部分用于下半年，这样的分配比例能够有效避免上半年资金浪费下半年资金不足的现象，基本可以保证收支平衡，有利于高校宏观监控。另外，也有高校按月度、季度对预算实施多点监控，随时了解预算的执行情况，及时调整执行进度。

2. 建立有效的分析机制

为了对支出预算做出科学合理的分析，财务部门将各部门支出情况绘制成两种不同统计口径的预算统计表，其一根据支出的功能分类绘制，另外一个统计表根据支出经济分类绘制，两种表格所呈现的总量应保持平衡。预算统计表能够帮助高校财务部门科学分析事中控制情况，能够帮助财务部门找出统计月份中实际支出与预算支出之间的差异，并联系相关预算负责人及时采取措施做出分析和调控，减少或消除对当月及以后月份预算执行的影响。主要可以从以下几方面分析导致预算差异的原因。

（1）账务处理是否正确。高等院校在进行会计核算时，需要对收支情况的金额、科目以及出入账时间进行判断，寻找获得批准的预算方案与该记录的明细是否一致。

（2）外部条件改变。有时，外部因素也会导致其预算定额的标准发生改变，例如，年度预算编制时，博士生生活费标准为 200 元/人/月，而在预算执行期间，国家政策调整提高博士生生活费标准至 1000 元/人/月，导致预算的执行与编制方案不符。另外，预算方案中部分拟入名单中的产品或者服务的价格，也可能会出现在实际购买时与编制的预算中相比有浮动，造成预算有结余或者超支，对于此现象，预算管理部门应基于实际情况做出细致的分析和正确的判断。

（3）内部环境变化。高校内部环境改变，也可能影响预算方案的执行效果。例如，某部门突然被要求执行不在原预算编制中的项目或活动，或原计划中的某项目实际执行时难度、时间长短、经费使用总额、重要性等都与预算水平有很大偏离，高校应持续监督预算项目执行进度，及时发现问题，并就预算差异的成因进行合理分析并提出解决措施。

（四）借助网络手段实时控制

当今社会信息技术的发展水平不断提升，各种财务软件、管理软件不断产生，高校也可以自行研发应用校内财务管理的网络平台，通过网络快速获取各部门预算支出的使用情况，各部门项目的执行情况透明化，有利于高校详细了解预算的执行情况，并对比预算方案和实际执行进程，及时干预调控。此外，高校还可以通过财务管理系统或平台进行横向、纵向指标对比，全面了解每一项预算的支出额度和每一个项目的进展情况，进而加强对预算的控制。

五、预算考核的改进与加强

高校进行预算评价有利于全面地了解和考核预算目标的具体执行效果，以便准确、客观地评价预算的编制、控制及上报等情况。预算评价关注的不仅是高校资源的使用情况，对资源的利用率和产生的效益问题同样关注。做好预算评价工作、完善预算考核机制，是高校优化资源配置，进而更好地发展教育事业的重要要求。

（一）建立健全预算评价体系

做好预算评价，强化预算考核，建立科学、完善、行之有效的预算评价体系，一方面，有利于高校更好地监督和控制资金的使用情况，从各个阶段全方位地了解预算执行情况，对于预算项目执行过程中产生的问题能够及时做出分析和调控，有利于高校强化预算控制，保证预算的执行效果，进而了解预算编制的科学程度，以便为下一个预算年度编制更加科学准确的预算奠定基础，以便更好地掌控未来一段时间内高校的总体运行状况；另一方面，完善的预算评价体系有助于预算管理贯彻到全校每个成员的工作、学习中，有利于各个部门及职员明确自身的责任，有助于实现预算管理对全校各部门和所有成员的全面约束，激发所有教职员工努力实现自我价值，为高校教育事业的发展做出贡献。高校应先成立预算评价的组织或机构，再制定规范评价工作的机制，以获得真实的评价结果，进而构建出可靠、健全的预算评价体系。预算评价应涉及高校发展的方方面面，如社会效益、办学成果、项目投资、经济效益等方面。在制定预算评价指标时应兼顾长、短期效益，充分考虑定量、定性的原则综合评定。由于各个高校规模、类型等都不尽相同，因此，不能使用一套预算评价体系服务所有高校，各个高校可以结合采纳平衡记分卡和关键指标评价这两种形式，从绩效目标入手实行量化考核标准，制定符合自身发展情况的预算评价指标体系。其中关键评价指标通常包括：财务综合实力评价指标，常用于评价高校的教学规模、经费来源以及办学条件；发展潜力方面的指标，如自有资金的使用程度、现金净额增长率等；运行绩效方面的评价指标，包括年度收支比、经费自筹率以及产业资本增值率等，还包括人才培养专项指标和学科建设专项指标等；偿还能力方面的指标，如资产负债率、速动比率等。此外，还需要制定可靠、科学的考核指标、考评程序以及奖惩制度，才能够构建出完整的预算评价体系。

（二）强化预算执行结果的分析

高等院校预算评价工作中最重要的一项就是全面分析预算执行结果，包括分析预算项目的执行效果和导致预算方案与实际执行情况存在差异的原因，还包括对执行差异的调整措施以及对于预算结果进行分析总结编制报告这几部分内容。高校可以从以下几点加强预算的执行效果分析

（1）高校必须对预算分析的内容做出科学、合理的界定，科学分析收入预算和支出预算两部分项目的执行效果。根据高校收入预算的来源来看，其包括高校的自创收入和外部收入，自创收入即科研产业合作收入、学费收入等事业性收入和高校的其他经营项目收入；外部收入包括社会组织捐赠、财政拨款等。高校的支出预算包括教学管理费用和教学业务费，教学管理费指间接与教学科研相关的支出，例如管理部门支出的办公费用、接待费用等，教学业务费即教学设备费、教师课酬、资料费等直接与教学科研相关的支出项目。

（2）高校应根据需要分析的预算项目内容找出最科学可靠的分析方法，站在客观的角度完成分析。高校在分析预算执行的结果时，有很多种方法可以选择运用，如差额分析、比较分析等。随着高校预算管理的发展，分析理论不断丰富，将会出现更多的分析方法得出更科学、准确的分析结果。

（3）高校应坚持两项分析原则分析预算执行的结果，即重点分析原则和全面分析原则，在整体把控高校所有经济活动的基础上完成分析。只有贴近高校发展实际，才能够得出准确的分析结果，对比收支预算与实际情况的差异并找出原因，归纳总结执行过程中存在和可能出现的各种问题，提出改进措施和有效意见，总结预算执行经验为下一年度编制更科学可靠的预算提供参考。此外，高校一定要注意重点项目重点分析，结合实际发展情

况，在重要的经济活动中吸取经验总结教训，为当前年度接下来的预算工作或者下一年度预算编制提供有力的保障。

（三）重点对预算结果的差异进行分析

无论是支出预算还是收入预算，高校都应该从多个层次分析预算差异产生的原因。重点核实各个支出预算项目中经费的使用明细，对产生结余的项目做好统计工作，各项任务的完成效果和进度等情况以报表和书面报告的形式分类分项地做好详细的说明；找出造成收入项目中资金较预算有增减差异的原因，通过系统的书面报告和详细的报表呈现出来。高校可以对预算的差异做定量、定性的分析。定量分析即深入分析实际执行进度、收支结构以及偏离预算额等；定性分析即分析出实际收支偏离预算额度的主客观因素。客观、准确的分析结论一方面可以作为预算评价，有利于预算编制工作有条不紊地进行，另一方面可以为预算管理工作的改进提供重要支撑，使其更加完善。高校也可以对差异进行横向分析和纵向分析，前者指的是高校可以选取合适指标与规模、类型相同或相似高校进行比较，或者在校内各个院系之间进行对比；后者指的是高校从以往各预算年度中选择相近或相同的指标进行对比；无论采用哪一种方式，都要求比较对象之间具有可比性，科学分析其差异。

（四）分部门实施预算评价

高校以整体预算评价体系为基础，设定了多个角度的评价指标，制定了多种评价标准，就高校财务活动是否科学、合法，具备真实性及效益性做出全面、客观的评价，将得出的考核结果与预算项目负责人的业绩挂钩，根据奖惩制度将奖惩落到实处。各部门在设计预算评价指标时可以参考以下三个方面：

一是投入。资金、场所、人力以及设备等各项投入指标，都能够在预算项目中用于衡量消耗的资源，即产生生均教学面积、生均教育经费以及生均教学设备等指标。在根据投入指标完成的部分预算评价中，成本预测至关重要，应建立更为完善、可行的会计核算体系。

二是产出。产出指标是预算期内完成的工作、提供服务或产品的数量，包括"收入完成数""毕业生一次性就业人数""自筹经费完成数""接待来宾人次""档案入档册数"等指标。产出指标的计算相对比较容易。

三是结果。结果指标用来衡量项目或服务的结果，包括各院系的"英语四、六级通过比例""国家资格考试通过数"等指标；各科研单位的"国家级课题占全部课题金额比例""国家级课题占全部课题数量比例""科学引文索引（SCI）、社会科学引文索引（SSCI）文章发表数""有国际影响文章发表数"等指标；管理部门的"收入预算完成比率""支出预算完成比率""解决来访问题满意率""处理问题及时率""各项检查合格率"等指标；后勤部门的"绿化率""食堂就餐率"等指标。结果指标是预算评价指标体系中最重要的部分。

高校内各部门的特点不同，其指标也各有不同，因此，应根据各部门的职能、性质等采用不同的预算评价标准，这样既公平又合理，能够有效激励各部门努力发展自身的业务。例如，可以以节支增效作为重点考核各部门预算评价；对于专项工程，高校可以将预算评价的重点放在检验工程的质量达标程度方面和对比预算决算项目节支程度方面。另外，各个高校的情况也都有所不同，应依据自身的实际条件制定预算评价的考核标准。如果全校采用一致的预算评价体系，不仅无法实现考核的目的，也不能获得真实的反馈，从而影响高校的发展。

（五）根据评价结果实施激励

高校的预算评价只有辅以有效的激励机制，才能产生真实有意义的评价，而激励制度的作用在预算评价中能够突出体现出来。高校通过完善的激励机制能够促使员工积极参与预算评价，获得预算执行的真实情况，根据评价结果给予部门及职员一定的奖励或惩处。在预算评价机制和激励机制构成的体系中，如果任一机制不健全都会影响评价结果的真实性、公正性，导致预算评价失去存在的意义，导致评价指标不再对部门及职员产生约束作用，预算管理全面失效，还会导致全体教职员工消极怠工，各部门的职能、责任的边界模糊，严重影响高校的发展。高校只有贯彻权责一致的管理原则，实行完善的预算管理制度，辅以合理有效的奖惩机制，按照规定落实分档奖惩制度，对于项目完成效果显著的部门或个人给予充分的奖励，对于未达成预期目标的部门及员工做出相应的惩处措施，激发业绩垫底单位或部门的积极性，分析未完成任务的原因并提出改进意见，帮助其进步，在保证高校管理制度的严肃性的同时促进全校共同发展，共同进步。

第五章 高校资产管理研究

第一节 高校资产管理的概念

一、高校资产概念

（一）资产的概念

资产，是一种可以投入经营和生产中的生产要素，能够产生经济效益。会计学中定义资产通常以货币计量，是由企业拥有或控制的经济资源，既是企业用来运营周转的工具，也能为企业带来经济效益。综上，资产就是一种以货币形式计量的、具备服务潜力的经济资源，能够为所属产权主体产生经济效益。

（二）高校资产的概念

高校资产对于我国来说，是一种重要的教育资源，属于国有资产，为高校在教学及科研等方面提供物质基础，为高校生存、发展提供有力的支撑。高校资产与其他各种资产的共同属性及特点相同。高校资产是高校所占有、使用的、在法律上确认为国家所有的，能够以货币计量的各种经济资源总和。包括各种财产、债券和其他权利，这就是我国对高校资产的定义。因此，高校资产也包括流动资产、无形资产、对外投资以及固定资产等，所以说，高校资产可以作为一种经济资源，这种资源能够直接为高校所用，或者与其他资源或产业相结合，间接为高校的教育事业等提供物质保障。另外，高校的资产同样以货币计量，由高校占有和支配，其他单位或企业无权使用。高校资产同样包括各种债权、财物资产以及其他权利，也可以分为有形和无形财产。

二、高校资产的形成

高校对所拥有的资产只有使用权和占有权，并没有实质上的控制权，高校资产所有权由国家持有，这是高校资产最不同于其他资产的地方。计划经济时代，国家实行全收全支型管理模式，集中管理高校，统一安排高校的招生计划以及教育经费，国家拨款成为高校资产的主要来源，实行"报销式"拨款模式。而随着市场经济的快速发展，越来越多的高校响应国家号召自主办学，打破了原有的"报销式"拨款的办学模式，高校的资产组成逐渐丰富起来，国家拨款依然是主要的经济来源，还增加了学费、社会捐赠、产业经营收入、科研经费、投资性收益等，多元化、多渠道的筹资来源，决定了资产的多样性。高校资产通常包括六个方面资金来源：①国家财政拨款；②按国家规定使用资产组织的各项收入，包括预算外的收入以及其他各项收入；③社会组织、机构及个人的捐赠和资助；④高校投资产生的收益；⑤科研、知识产权、商誉等各种无形资产；⑥银行贷款。高校所涉及的领域也有了很大的变化，由原来的科研、教学逐渐拓展到金融、科技、服务业、商业等各个领域，逐渐发展成集成型的事业法人。

三、高校资产的分类

（一）高校资产按其经济性质可分为经营性资产和非经营性资产

根据经济性质来看，高校资产有经营性和非经营性之分，这两种资产并存是高校资产的重要特点，经营性资产就是校办企业或高校兴办、经营的公司、产业，非经营性资产指高校按照国家教育事业的规划发展和进行科研项目所占用的资产。高校在发展中，不断扩大发展规模，投资领域的范围愈加宽广，投资项目越来越丰富，预算外资金在总资金中占据的比重越来越大。

1. 高校经营性资产

保值是高校资产经营的前提，增值是高校资产经营的目的，经营性资产就是直接投放到生产经营当中的高校资产。盈利是高校经营性资产存在的主要目的，如投资项目、校办产业等，这种类型的资产通常经历了由少到多的发展过程，经济总量在这个过程中逐渐发展壮大，例如，有些高校最初只有一些小卖部、小型印刷厂以及招待所等，为高校的正常运转提供后期保障，而后逐渐扩大规模。而如今，各种市场前景较好、科技含量较高的产业逐渐出现，为高校提供了更多的选择，还有一些高校逐渐开设自己的公司或企业，其盈利为高校教育事业的发展提供经济支持。

2. 高校非经营性资产

高校为完成教育目标而占有、支配使用的资产，不会参与到生产经营活动中，这些资产就是非经营性资产。高校非经营性资产不需要直接参与到各项生产经营活动中，因此不具备增值性的特点。这种类型的资产主要包括各种科研教学的设备、地产、建筑、图书资料、文物等。

高校资产的经营性和非经营性的划分并不固定，需要高校根据自身发展的实际需要，按照资产管理的相关规定进行操作，完成非经营性资产到经营性资产的转化。

（二）高校资产按其流动性质可以分为固定资产、无形资产、流动资产

1. 固定资产

固定资产，是指政府会计主体为满足自身开展业务活动或其他活动需要而控制的，使用年限超过 1 年（不含 1 年）、单位价值在规定标准以上，并在使用过程中基本保持原有物质形态的资产，一般包括房屋及构筑物、专用设备、通用设备等。而且，单位价值虽未达到规定标准，但是使用年限超过 1 年（不含 1 年）的大批同类物资，如图书、家具、用具、装具等，应当确认为固定资产。通常情况下，购入、换入、接受捐赠、无偿调入不需安装的固定资产，在固定资产验收合格时确认；购入、换入、接受捐赠、无偿调入需要安装的固定资产，在固定资产安装完成交付使用时确认；自行建造、改建、扩建的固定资产，在建造完成交付使用时确认。固定资产同时满足下列条件的，应当予以确认。

（1）与该固定资产相关的服务潜力很可能实现或者经济利益很可能流入政府会计主体。

（2）该固定资产的成本或者价值能够可靠地计量。

2. 无形资产

高校无形资产指在高校拥有的资产中，有一部分资产虽然不以实物形态存在，但能够在高校进行各种经济活动时发挥一定的作用，能够为高校提供可能超于同行收益的效益，是一种稳定的经济资源。主要存在于高校科研、教学、管理、技术服务以及社会经济中，大致归纳概括为以下三个方面：权利方面，包括著作权、版权、专利权、商标权以及土地使用权等；技术方面，包括科研信息、教学经验、管理经验；内涵方面，高校在校园文化、教学质量、办学水平等方面共同产生的高校的整体形象、威望声誉以及知名度等。

3. 流动资产

流动资产指的是在一年内或一个长于一年的管理周期内消耗或者变现的资产，是高校资产结构中流动性较强的一部分，其包括现金、银行存款、短期投资、存货以及应收、预付款项等，能够保障高校的权益，明确其他相关债权人权益流动资产根据其变现能力的强弱顺序加以划分，为债权人进行信贷决策提供相关清算信息。

第二节　高校资产管理存在的问题与策略

知识经济全球化的形势促使我国财政体制进行了全面深入的改革，国内各大高校也随之产生了巨大的变化，完成了超常规的跨越式发展，迎来了新的发展挑战。然而，目前我国部分高校对于资产管理在高校可持续发展中的重要作用比较忽视，也没有合适、完善的资产管理制度，还存在管理手段落后、管理力度不足、资产闲置浪费严重、产生效益低下

等一系列突出的问题，严重影响了我国高校的健康发展。知识的升级影响着科学技术的快速发展，使市场竞争愈发激烈。高校不仅是人才的孵化器，更成了社会发展的助力器，高校为社会经济的发展提供了第一生产力，高校的健康发展关乎国家经济命脉。因此，为保证我国发展稳定且快速，保障高校健康发展是必然工作，首先应积极全面地改革高校资产管理，使其能够适应当前知识经济发展的需求，推动教育事业和社会经济向前发展，再进一步完善各大高校的财务管理的体制和运行流程，大力提升高校对财务的管理水平，培养更多的高科技、高素质人才，培养社会发展的接班人，推动社会稳步向前发展，早日实现我国"教育强国，科技强国"的发展目标。

一、当前高校资产管理存在的问题及原因分析

目前，我国高校实行"统一领导，集中核算，分级管理"的财务管理体制，将财务管理的重心下移到各个部门、职员及各个项目上，将责权下放到各个部门的职员手中，财务部门利用绩效考评做好监管工作，但由于部分高校财务管理的制度和资产管理体系仍不够健全，可行性较低，缺乏强劲的资产管控手段，导致高校对资产使用的监督和管理不严格，资产配置杂乱无序，闲置浪费甚至重复购置的问题非常严重，各级部门责权界定不清，无法对各个资产使用单位做到有效的监督，更无法对全校各部门及职工产生正面的激励，很难管控。且仍存在资源配置不合理、财务工作的服务质量偏低等问题，不利于高校协调发展教学、科研等事业，更不利于高校的可持续发展。

随着国家在政策和指标上对各大高校招生活动的放宽，高校的规模日趋扩大，积累的资产日益增长，如何科学合理地配置资产使其发挥出最大的效用、产生最大的收益是所有高等院校资产管理中的一项重要难题。

（一）资金闲置多，成本高，缺乏健全的风险管理机制

目前，由于我国部分高校背负着巨大的债务和利息需要及时偿还，往往储备了大量现金资源，造成了非常高成本的资金闲置和浪费，即使高校有再多的筹资渠道，但筹资数量少，远不够解决这方面的问题。高校面对着国家财政有限的投入、少量的资金来源和越来越大的招生规模之间存在的矛盾倍感压迫，只能通过各种金融机构、社会组织以及租赁公司等获取一定数额的长短期债务资金，以满足各项基础建设和教学设施的需要，这种需要包括扩张学校规模、加大宿舍楼面积等各种措施，严重加剧了债务问题的矛盾，甚至有高校的负债率已经超过80%，难以担负利息及其他各项债务压力。迫于巨大的还款压力、即将到期的各项债务、借贷款项到账慢，使资金运转更加困难，为了减轻周转运营的压力，高校往往要保留很多货币资金以解决各种资金周转上的困难。有些高校月末账面存款数额达五千万之多，导致大量的资金处于低效运转状态，没有为高校带来合理收益，更无法帮

助高校减轻巨大的利息压力。而该现象出现的根本原因，首先，扩大规模造成的学生吃、住、用问题，只能靠借贷资金解决；其次，高校普遍认为：作为国家的事业性单位，高校应致力于科研教育工作，即使无力偿清债务，也不会真的破产。因此，众多高校根本不考虑自身的条件能否担负起巨额的利息，也不考虑到底有多少债务，只考虑资金借贷收入和偿还支出的周转链条能否保持运转状态；最后，各大高校普遍缺少风险管理制度，没有做到定期对经济活动风险定期做出评估，学校内部管理债务的相关制度不健全，无法针对每一个借贷项目展开详细有效的论证，风险防范意识差，风险管理水平低。

（二）往来款项多，期限长，缺乏应有的清理催缴机制

高校在处理往来款项的工作上设置了很多的科目，导致处理所需时间很长，年末余额基数大。虽然在年终决算时做了详细的清算，然而其中职工借款这一项，即便下发了催缴通知，但由于并没有有效的催缴管理机制，也没有健全的催缴制度，只有少数的职工向校财务部结清款项，其余大部分借款项无法及时收回，只能挂账处理；另外，高校的权责不明确也导致各项应收未收款项及部分垫付款项没有按照高校相关规定和流程批报核销，导致高校大量的资金被长期占用，无法为高校带来实际的效益。

（三）对外投资少，效益差，缺乏科学的决策管理机制

高校为提高市场竞争力，扩大自身知名度，提升自身影响力，借助教学科研成果，将科学技术转变成第一生产力，将目光投向市场，组建或合作建立起校办企业，把资金、高新科研技术投入生产中。但由于高校的资金有限，且投资范围及额度都较小，缺乏投资经验，对风险没有足够的防范意识，缺乏有效的防范手段，对投资方案的可行性缺少科学的评估，加上高校本身的审批制度并不严格，会计控制机制不健全，投资管理体制不完善，缺少责任追究制度，导致高校在投资时对投资项目没有科学的判断，对投资风险没有客观评估，对投资项目的追踪管理不到位，到最后投资变得随意、无效，甚至出现了无效投资。

（四）知识产权意识淡薄，缺乏有效的权益保护机制

各大高校为国家培养了许多高科技、高素质人才，为先进知识文化及科学技术的传播提供了场所。高等院校在科研、教育、人才等方面拥有众多资源，但由于缺乏无形资产管理制度，直到今天仍有很多高校没有对拥有的知识产权等无形资产申请评估认定，导致很多高校虽可拥有各种无形资产，但这些资产却没有入账，造成了一定的财产损失。各种知识产权、专利权、版权、科研成果等大多数的无形资产，高校虽重视它的研发，却并不重视其应用，看重论文的高产、高质量，却不重视论文研究领域在各个学术界应产生的影响，导致各项研究成果和其他各种无形资产并没有发挥出其对提升高校核心竞争力的作

用。例如，高校的土地权是最容易确认权利和价值的一项资产，但高校往往只将取得土地使用权所支出的各项费用划入了当期支出，土地作为一种资产其本身的价值和已开发的各项附加价值并没有入账。

二、强化高校资产管理的应对策略

高校为管理、保养及维护资产，建立了资产管理体系，该体系决定了高校资产管理的效能和作用水平，还决定了高校资产的运行情况。因此，明确各单位、部门及职员的职能和责任、强化资产管理手段、重点解决教学设备、办公设备等固定资产的重复购置、资产使用随意、记录混乱、浪费严重等问题，优化各种资源的配置，保证资产保值或实现资产的增值，是高校资产管理工作的要点。

（一）拓宽资金渠道，降低资金成本，建立健全风险管理机制

目前，我国高校普遍存在国家财政补贴少、事业性收入低且不稳定、债务占总资产的比重大等问题，要想改变这一现状，满足科研教学方面的发展需要，就必须彻底改变思想，大力开拓筹资渠道，尽力增长筹资金额。

此外，高校还应做好以下几点：

1. 加强对资金的监管力度和审批制度，不相容的岗位互相分离，分别处理稽核与对账管理；定期核对收支账目明细，做好库存现金的盘点工作，严谨白条抵库，严谨坐支，管控资金在规定范围内使用，消除高校在资金管控方面的安全隐患；严格按照"收支两条线"的规定管理资金的流动，严格执行限额管理制度管理库存现金。

2. 积极争取国家政策支持，主动与财政部门、教育主管等部门进行沟通，扩大高校办学自主权，大力争取财政专项资金，确保国家财政拨款稳步增长。

3. 强化高校清理催收事业性收费即学费、住宿费力度，做好清缴工作，建立信息化网络平台，将学生的个人缴费信息录入其中，并做好信息核实工作。加强各院系与教务处和学生处的联系，将学生的缴费情况与选课的成绩挂钩，以确保学生的学费及时、全面地缴纳，杜绝拖欠，严格遵守"收支两条线"的管理原则，及时足额地向财政专户上缴非税收入，积极申请财政拨款指标，以保证财政拨款指标及时下达，满足教育教学的发展和科研事业发展的需要。

4. 正确利用高校丰富的教育资源，利用高校对社会的影响力，面向社会人员扩大函授、脱产、短期培训等各项办学规模，积极开拓各项社会有偿服务，在为社会提供优质可靠的教育服务的同时，既解决了社会人员对知识和文凭的渴求，又能获取服务费用，为学校增加办学资金。此外，高校还可以积极拓展社会捐赠、产业合作、赞助等筹资渠道，建立或参与基金会、校友会等形式，获取社会各层的资金支持，精打细算为高校增加办学经

费，发展教育、科研事业。

5. 加强票据管理，规范票据领用、开具、核销等各项流程，对票据办理手续的各项环节严格管理，保证票据真实、有效、安全。

6. 严格按照发改委批准下发的收费标准管理收费工作，按照规定流程开具符合标准的收费票据，不得随意变更收费标准和收费范围，严禁巧立名目滥收费，严格按照"收支两条线"的规定管理收费资金，杜绝资金挪用、截留等现象的产生，必须保证资金及时、足额的收取和上缴，执行强效的奖惩措施避免收入管理不当情况的发生。

7. 与国家金融机构保持并加强战略合作关系，积极争取更多的信贷资金，合理处置闲置土地资源，优化各方面的资源配置，尽最大可能地筹集办学资金，最大限度地降低各项债务，科学分析管控投资风险，尽量缩减资金的消耗、闲置成本，减轻还贷的压力，优先、合理保障高校驾驭事业的发展。

8. 将各部门的财权、事权与责任相结合，根据各部门的发展计划、目标、绩效等科学、合理地分配各项资源，并做好风险评估管理工作，建立灵敏、有效的风险预警机制。完善高校内部债务管理制度，严格做好各项资金的审批管理，尤其做好大额资金流动的财务风险防范工作，并针对各种财务风险做出预防和解决措施，尽可能保障每项资金的安全。严格实行岗位职责分工制度，不相容的岗位职务分离，风险管理人员应系统、详尽地分析各种可能存在的风险，针对风险点提出解决方案并严格执行，根据实际经济活动定期提交相关风险评估的详情书面报告。

（二）定期清理往来款项，降低借款余额，健全往来款项清理催缴机制

目前，由于设置了多个科目分别处理往来款项，导致了年末余额大以及往来期限长的问题，针对这些问题，高校可以通过建立有效的催缴机制和完善严格的核销机制，并采取一定的管控措施解决，对这些往来款项加大催缴催收的力度，尽量简化往来款项的科目，将管理重心转移到项目资金的流向上，实施精准化的预算编制管理，精准把控资金的投入，更加充分使用资金以发挥其最大的效用，使往来款项结余少或无结余。职工借款必须限期归还，逾期罚款；职工垫付的款项也必须限期报销，逾期扣款。分类管控高校各个下属单位及全体教职员工的零星开支，统一使用高校办理的银行贷记卡及公务卡，对于其中的垫付款，经办人员必须严格遵守报销款项的相关规定，严格执行报销流程，在规定期限到期前一周内完成报销工作。对于设备采购、办公用品采购等大规模的支出项目，各部门必须在验货合格后依据票据核销流程严格处理报销款项或支付货款。对于期限长、原因不明且难以支付或回收的各种往来款项，必须将责任详细落实到个人，按规定严格执行审批核销或者转销工作，做好每一项往来款项的追踪管控工作，降低往来款项余额。

（三）加强税务管理，减少纳税风险，建立健全纳税筹划机制

要解决高校当前税务管理乱、个人税负高的问题，就必须要加强税务管理，建立健全纳税筹划机制。

首先，高校应参照政府税务部门处理代开发票的模式，改革各部门开具税务发票时由高校统一垫付所涉税费的现象，税费由各部门自行缴纳，各部门应先将税费交到高校财务处，财务收取登记完成后再开具发票，避免高校垫付税费后收不回或忘记收回。

其次，高校应聘请校内或校外的税务专家，帮助高校全面地解读所涉及的税种的征税范围，分析各种税收政策和高校的收入种类，结合减免税收的政策优惠，理清各项税收项目，做出最佳的账务处理方案，严格依法缴税。高校应设置专门的会计科目，详细了解国家的各项税收政策，根据不征税收入、减免税收入、征税收入、涉税收入等严格单独分列核算，避免对政策错误解读，出现交错税、少缴税、未按照减免政策多缴税的现象。

最后，为了降低税负，高校应仔细分析所有涉税收入的涉税种类、相关环节及税率等，对国家相关税收政策做出充分的了解和分析，尤其是减税、免税政策及其优惠条件，努力为自身创造更多符合优惠政策的条件，再结合纳税期限以及高校实际情况制定出最佳的纳税方案，在符合法律规定且不影响高校财务活动的前提下，用足税收优惠政策，减轻财务压力。

（四）健全对外投资管理制度和责任追究制度，选准选精投资项目，提高投资效益

为提高自身市场竞争力，适应复杂的经济环境，高校需要改善对外投资中存在的范围小、投资少、风险意识弱、防范意识低等问题，建立健全可行的对外投资管理制度，并安排好投资管理部门和岗位，明确岗位的职能和责任，确保对高校投资项目有充分的研究和了解，并做出可行性评估报告和风险评估报告，做好投资的决策、执行、审批等工作。需要注意的是，投资管理由高校领导班子统一领导，其中不相容的岗位应职权分离。在高校领导层的分析和研究下，加以专家的知识、经验、技术与论证等，对每一个对外投资项目进行全面的可行性分析，结合高校的投资目标和投资工作发展规划，科学选定最合适的项目并拟订投资计划。领导层应科学筛选投资项目，严格把控投资金额，杜绝盲目投资，严格控制投资活动按计划有序执行。

高校在对外投资时，应严格按照国家相关规定，由高校审核投资项目的相关资料和分析报告，授权审批，并按照风险控制制度和投资管理制度就投资的详细事项与违约责任等，与乙方签订具有法律效力的合同及契约、协议，结合合同合理安排高校资金的投放和支配，保持资产的结构合理，处理好流动性资产与营业性资产之间的关系，在保证有适当的流动性资产的同时追求更大的效益。此外，高校还应建立完善的会计控制制度和严谨的

投资资产保管制度，严格追踪管理对外投资项目，全面评估并跟踪关注投资的风险，明确各个岗位的责任，完善责任追究机制，对于对外投资中产生的严重决策失误、违规办理投资业务以及不按规定履行投资决策等问题，追究相关部门以及负责人员的责任；完善账户管理体系，依照相关规定做好投资的账簿记录，将投资项目的价值变动以及收益情况详细、准确、全面、及时记录下来，严格监督控制对外投放的资金，以便及时回收处置。高校应加强对对外投资项目的管控力度，杜绝随意投资、无效投资，对于多种备选投资项目，全方面做好分析和评价，谨慎投资，预防及规避投资风险，提高投资效益。

（五）强化知识产权意识，重视无形资产管理，确保学校合法权益

高校应强化对无形资产的保护意识，重视无形资产的价值并建立健全管理体制，对于各项知识产权、专利权、著作权等无形资产，高校应按照国家相关规定，严格申请办理相应的证明、证书等。目前，各大高校普遍拥有面积广大的土地，但在高校的固定资产管理系统中并未体现出土地的使用权及其市场价值，只有部分高校将土地资源视为无形资产，以实际的征地补偿费用记录在无形资产的管理系统中，但仍未体现土地的使用权及市场价值。此外，高校拥有丰厚的知识资源、科研成果、科研人才、师资力量等，然而，仍未有一所高校尤其是文科类的高等院校申请学校知名权、著作权以及非专利技术等无形资产。财政部教育部2013年颁发了《高等学校财务制度》，规定了各高校通过外购、自行开发及其他方式取得的土地使用权、著作权等应当合理计价，及时入账，这对于高校来说，有助于高校全面梳理其无形资产，为高校系统地管理无形资产提供了契机，为其制定无形资产管理制度提供了良好开端，使无形资产发挥出最大的效用，以提升高校的核心竞争力，提高高校的知名度。

第三节　高校资产管理绩效评价指标体系的构建

一、高校固定资产管理绩效评价指标体系研究

（一）评价指标的选取原则

高校在构建固定资产管理绩效评价指标体系时，首先，应选出具有较强科学性的评价指标。此外，还应站在评价固定资产的管理绩效的角度，结合固定资产的特点，按照评价指标体系的构建流程，构建该体系。构建该体系时，还需要遵守以下原则：

1. 系统性原则

高校应结合资产现状、使用绩效、协同配置以及外部影响等多维度、多层面综合考

虑，结合定性与定量两种形式，制定系统性固定资产管理绩效的评价指标，全面提升高等院校对固定资产的管理水平。

2. 客观性原则

高校应在固定资产管理体制的基础上，辅以协调配置机制，结合科学合理的评价流程，根据实际的情况制定相关评价指标的体系，进而客观地反映出被评价对象的各项指标。

3. 科学性与全面性原则

高校在选取固定资产管理绩效的评价指标时，应全面、科学地考虑管理对象和管理内容的内涵以及本质，广泛借鉴、参考相关专家学者的建议和研究成果，尽可能消除主观意识对该评价指标产生的影响，排除其他不稳定因素，保证所选取的评价指标具有一定的科学性。

（二）评价指标体系的初步构建

将相关文献和专家学者的研究成果与高校对固定资产的实际管理情况相结合发现，对资产管理绩效的评价指标进行深度分析和研究，深入了解其理论基础剖析内涵，能够科学地提升该评价指标带来的运行效能，进而保障科学、合理地构建该评价指标体系。本节将从资产管理的保障能力、资产安全、管理水平、外部影响评分以及运行效益五个方面，尝试初步构建高校固定资产管理绩效的评价指标体系。

1. 资产保障能力

衡量资产保障能力（U1）的三项指标分别是资产的运营规模、优化结构及使用质量。

资产的运营规模不仅能够直观反映出效益覆盖的范围和资产保值情况，还能够大幅度减少国有资产浪费、流失的情况；高校优化资产的结构，使资产得到更加科学、合理的配置，有助于强化其对高校事业发展的支持作用；资产的使用质量能够从更新率和利用率两个方面详细地将高校固定资产的使用情况反映出来，从而提高高校协同配置固定资产的能力，促进教育事业的发展。

2. 资产管理水平

可以从高校管理资产的制度、团队以及水平三方面衡量高校的资产管理水平（U2）。

固定资产的管理水平取决于以下三个方面：首先，取决于其管理团队，管理固定资产的组织和团队作为其实施的主体，在组织架构、管理能力、管理观念等方面都影响和制约着资产管理的效果和其产生的绩效；其次，取决于管理制度，管理制度是其重要的载体，完善可行的管理制度能够实现人、财、物在管理过程的合理配置，促进资源、信息共享，促进外在的保障力和内在驱动力完美配合，产生有效的激励作用和约束效果，有利于资产的管理；最后，取决于管理信息系统的建设程度，建立完善科学的管理信息系统有利于引导信息的流向，控制信息资源的共享，公开化、透明化国有固定资产的信息能够促使资产管理信息系统具备精准、直观的特点，有助于高校提升管理固定资产的水平。

3. 资产安全能力

资金的预算来源、投入使用以及其使用效果这三项指标能够衡量高校资产安全能力（U3）。资产安全能力（U3）能够将高校固定资产的安全水平客观反映出来。

对于固定资产管理来说，资产安全能力是一项非常重要的指标，高校的固定资产是否依据科学的方式规范地运行能够在资金的预算来源中体现出来，高校应做好预算管理，严格管控资产，避免资金闲置甚至流失，优化资源配置方案，保障高校教育事业的发展。在资产安全能力方面，资金的投入与使用都应严格监督控制，严禁出现挪用、截留、公款私用等管理上的问题。资产安全能力可以通过资金的使用效果表现出来，因此，对资金的监督和管控是资产安全的重要保障。

4. 资产运行效益

科研成就和人才培养是衡量资产运行效益（U4）的两个指标，能够将高校固定资产形成的运行效益客观地表现出来。固定资产形成的运行绩效最终将体现在教学科研方面和人才培养方面。科研成就能够展示科技成果的转化程度，展示出应用型大学的建设成果，是社会进步的前提，是社会生产力形成的基础。从总体来看，高校培养的人才质量不仅能说明高校资产的运行效益好坏，还能够就此分析出教育成果的转化程度，培养高质量人才是高等教育的根本目标。

5. 外部影响评分

外部认同度以及学术交流程度是衡量外部影响评分（U5）的重要指标，还能够将高校固定资产对外部的影响客观地呈现出来，这两项指标虽然属于无形资产，但对高校管理固定资产非常重要，对提升高校竞争力也有重要的作用。

（三）高校固定资产管理绩效的指标筛选和修正

高校为管理固定资产的绩效构建评价指标体系时，可以参考德尔菲法筛选评价的指标，其操作步骤为：选择专家、选择指标、设计调查问卷、发放调查问卷、咨询专家，最后统计并分析结果，在操作过程中，系统地筛选出最科学、最合适的评价指标，使该评价指标体系的构建具有一定的科学性。

1. 选择专家

为保证高等院校固定资产管理有科学合理的绩效指标，实施德尔菲法时，率先应由资产管理领域或财务管理专业的专家学者，科学选取绩效指标，再聘请国资处、财务处或者高校相关管理人员、学者等，对高校的固定资产管理绩效评价指标体系进行修正。

2. 调查问卷设计

以高校目前正在运用的管理固定资产的制度为基础，结合理想的绩效管理体系，主要从资产的管理水平、运行效益、保障能力、安全能力以及外部影响五个层面设计调查问卷。

3. 指标筛选和修正

在调查问卷的设计过程中，需要对评价资产运行效益的指标进行多个层面的筛选，最终确定人才培养和科研成就两个二级的评价指标，再根据专家的意见确定这两个二级指标的权重。

4. 问卷发放

将问卷交给专家，说明问卷的用途和填写的注意事项。根据专家反映的问题进行调整，再将问卷交到专家手中，重复上一步骤，直至获得专家的肯定。

5. 专家咨询

围绕着指标的调整和权重评估方面，咨询专家分析调查问卷后提出的问题，整理得到的咨询结果，向专家反馈。结合所有专家的建设性建议，反复修正高校管理固定资产的评价指标。

6. 结果统计分析

收集多方专家的建议，整理最终得出的调查问卷，使用 SPSS 软件统计并分析各项数据，根据分析结果选择出最终的绩效评价指标。

（四）高校固定资产管理绩效评价方法的选择

1. 评价方法介绍

在评估资产管理绩效时，处于相关领域中的学者更多地注重使用多指标对复杂事物进行综合性的量化衡量和比较，而各大高校则借助先进的技术手段和工具，采用综合评价的方法，建立起固定资产管理绩效的指标体系，达成量化与测量绩效评估的目的。可以采用以下几种评价方法评价资产管理的绩效：

（1）适用于整体比较的灰色关联度法。灰色关联度法能够从整体层面上比较复杂的事物，分析出事物的影响因子在演化过程中的相对情况，以了解研究对象的变化方向和变化速度等。比较分析演变过程中一致性强、相关性高的部分，能够快速、详细地了解研究对象和影响因子之间的关联程度，并深度发掘研究对象间的紧密性。

（2）基于累积方差贡献率的因子分析法。在研究变量时，从变量群中提取公因子，就能够获得同组内活跃度较高的变量因子，累计各组内因子的贡献度，并对比不同的对照组，即可得出累积方差的贡献率，其中贡献率最高的公因子能够将变量的差异程度详细地描绘出来。累积方差的贡献率和提取出公因子的个数能够反映出不同变量之间的关系，通过分析因子，就能够得出评价指标的权重。

（3）降维处理实现主成分分析。测量变量时，需要抛弃原始变量，运用方差降维处置新提出的变量，新变量与原始变量无关，根据得出的价值函数分析评价指标。

（4）用于系统评估的 AHP 法。层次分析法能够按等级确定评估目标的权重并为其赋值，逐级运算对评估对象打分，通过分数来衡量评价指标。

（5）模糊综合评价法。在德尔菲法的基础上，使用这种评价方法能够为指标建立权重集，通过分析指标的隶属程度得到评价矩阵和积累分值，再对其逐级运算就可以得出最终的评价结果。

2. 评价方法的确定

评价高校固定资产管理绩效的工作通常由领导群体做决策，是一项较为烦琐的、跨层次的工作。因此在为该工作构建相关评价体系时，应尽量秉承客观公正的态度，使用科学方法构建评价模型，进而将高校固定资产管理中存在的绩效差异直观反映出来。结合上述多种评价方法和高校固定资产管理的实际情况，在不同的研究情境中选择不同的、适合的评价方法，就能够发现高校在管理固定资产过程中存在的主观意识影响大、信息不对称等问题，属于典型的模糊多属性决策问题，符合模糊数学的范畴。

高校在进行研究评价固定资产的管理绩效时，由于研究对象的属性和特点较为特殊，无法通过具体的量化指标客观分析研究对象，因此只能在德尔菲法的基础上通过模糊综合评价这种方法完成相关的模糊数学运算，得出具有科学依据的结论，进而完成高校固定资产管理绩效的评价指标体系研究，衡量固定资产运营的效益与效果。

二、高校无形资产管理绩效评价指标体系研究

（一）评价指标的特点

为高校选取无形资产管理绩效的评价指标时，应多关注代表性较强的主要指标。指标通常比较复杂，由多个或多级具有权重和一定评价尺度的指标组成，每个指标都具备一定的逻辑结构，指标之间互相关联，是系统化的指标群，因此，只有构建出层次分明的指标体系才能将高校无形资产的特点和属性反映出来，表现出高校无形资产的管理水平。选取指标时需要考虑以下几点：

1. 代表性

应选取代表性强、内涵丰富、对一定区域范围内的高校办学特点的变化比较敏感的指标。选取指标时，还应注意其科学性、准确性、合理性，保证其计算范围清楚、含义明确。

2. 相对完备性

只有完备的指标才能够站在客观、公正的角度，将评价对象的特征和属性全面、完整地反映出来，任何重要因素的缺失都会对绩效评价的效果造成影响，对于高校无形资产的管理绩效有很多具有代表性的评价内容，研究时可以从全方位多个角度多个层次选取多项评论要点，综合深入分析各项评价指标，找出其中的差异和共性，追求指标的全面性，在有效指标丰富甚至过多时保证评价成本和工作效率。

3. 简明科学性

选择评价指标和设计评价体系时，必须以科学性为重要原则，以获取各个高校无形资产管理绩效最客观、真实的状况、特点以及指标之间的实际关系。需要注意的是，指标应做到既直观、真实，又简明，不过分简单、不烦琐复杂，将最真实的绩效情况反映出来。在构建指标体系的过程中，可以借鉴吸收国内外先进的经验分析评价目标，形成评价指标体系的基本框架，再加以科学的分析和计算，从重要程度、指标权重以及相关程度分析各项指标，再辅以提炼、简化环节处理指标，最终构建出简明、科学的评价指标体系。

（二）无形资产管理绩效评价指标体系构建途径

1. 构建原则

20世纪80年代后期，英国的大学拨款委员会联合校长和副院长协会成立了联合工作小组，该小组认为，多数情况下，绩效指标是一种定性的陈述，能够反映出某种资源的使用情况或者某种特殊的资源管理目标在其领域中达成的某种情况，并强调绩效指标属于行为信号的一种，能够对绩效评价行动进行指导，由于绩效指标不能直接为研究者提供有用的信息，因此认为它不属于测量方式的一种。

在为高校管理无形资产的绩效设计评价指标体系时，应遵从以下四项原则：

（1）共性与个性相结合原则。指各大高校应根据高等教育的要求和运行规律设计评价无形资产绩效的指标。无论哪种类型、何种属性的高校，教学、科研以及社会服务都应该是最基本、最主要的功能，其评价指标体系的构建应考虑这些主体功能。另外，高校应结合自身的办学特色，从办学的理念、规模、类型、人才培养以及服务内容和对象等方面做出精准的定位，设置长远的发展目标，最大限度发展大学的多样性。

（2）定性与定量结合原则。结合定性与定量两种形式，形成的定量评价具有较高的精确性，有利于高校计算评价结果和进行横向比较，能够有效降低评价结果的主观随意性。高等教育绩效评价指标体系专家凯夫认为，数字较文字的呈现效果更为直观、明晰，更有利于比较、分析和整理，尽管高校很多方面的活动都难以测定，还应尽量使用"绝对值""序数性"以及"基数性"的方法进行权威的测量，充分用于绩效评价中。然而，评价高校无形资产管理绩效本身就是一项烦琐的系统工程，很难量化其表现的内容和各种影响因素，因此，可以加以定性的手段将其归纳、概括、提炼并综合分析和辅助评判。而在指标体系的构建过程中，可以将定量方法作为主要的测量方法，并坚持加以定性方法相互补充、配合，利用各自优势，对高校的无形资产管理进行全面、具体、客观的评价。

（3）总量与人均相结合原则。在绩效评价中，高校必须坚持将人均与绝对总量相结合这一原则。目前，大多数高校的评价指标体系只能体现无形资产的绝对总量，人均指标远未达标，这种指标不均的情况下得出的评价结果无法做到公平公正、客观。因此，高校应选取一些人均指标，以获得公正、客观的评价结果。

（4）质量与规模相结合原则。高校的办学规模和办学质量、人才培养质量等虽然都是衡量高校管理绩效的重要指标，但高校的绩效与其数量和规模不一定构成正比的关系，即使一所高校具备很大的办学规模，师生数量庞大，也无法说明该高校的教学科研质量高、效益好。例如，美国的普林斯顿大学虽然学院的数量不多，没有商、法、医学院等，但该校迄今已有35名诺贝尔奖获得者及众多其他奖项获得者和各领域精英。因此，在进行绩效评价时，应坚持将质量和规模相结合，综合筛选、提炼选取要素，不能因为某些高校的规模小就否认其办学质量，确保评价结果客观、公平，尤其对于本研究中高校无形资产的管理水平高低来说。

2. 构建思路

高校在多项指标共同构建的评价指标体系中，能够得到全面、可靠的无形资产管理绩效评价指标。指标体系是一个有机整体，能够表现出高校对无形资产的管理水平和效果。在设计评价指标的体系时，高校应站在决策者和信息使用者双方的角度，依照相关构建原则，通过分析指标内涵、分解预期目标等环节，完成该体系的构建。为了使绩效评价指标体系科学、实用且具有可比性特点和较强的动态性特征，应在设计中融入可比性因素，构建时不仅需要结合高校无形资产管理本身的特点，还要深入考虑其共性；不仅要了解各大高校之间管理的本质区别，更要融入各个高校管理绩效的对比性和可行性。

3. 目标分解

无形资产虽然没有实体形态，但合理使用无形资产，能够给持有者和使用者带来某方面的权利、技术以及其衍生的经济效益等。高校的声望越高，越能吸引更多的人才、聚集更丰富的知识、获取更密集的信息，在教学、科研、技术成果等领域的优势就越显著。高校的无形资产通常存在于这几方面：一、日常教学、科研中产生的各项技术专利、知识专利与各种非专利技术都属于无形资产，这些资产具有较大的价值；二、高校师生的科研创造、著作、发明以及接轨国际的科研成果等；三、高校的名望声誉、经营性资产、文化环境等，无形资产和有形资产共同为高校未来的发展提供了物质上的强大支持。因此，在为高校设计无形资产管理绩效的评价指标体系时，应率先明确绩效的指标，不仅需要能考核管理的成果、效益以及效率三方面，还需要能够将高校实际的无形资产情况反映出来，能够使用所有层面的绩效评价。本研究中结合了部分功利工科高等院校对高校资产管理绩效设计了评价指标。综合前文，对于无形资产的评价指标可分为：政府授权类、市场类资产、人力资源资产及知识产权类资产四类，这四类评价指标能够全方位、多角度反映出高校管理无形资产的绩效水平。进一步细分各类指标，达到能够量化考核的目的，得出最终的指标，共计 24 个。

4. 指标内涵分析

（1）第二层指标：

市场类资产（A1）——指因被公众或市场所认可而得到的无形资产，如高校的名声、排名、获得的校外捐赠、入学的学生素质层次高低、毕业生的就业率等，都属于市场类资产。该指标体现出了社会对高校的认可程度，这一类资产越多，说明社会对该高校的接受度越高，越有利于高校的发展。

知识产权类资产（A2）——高校师生运用自身的知识、智慧、技术、技能等通过努力钻研产生的专利、著作、论文期刊、科研成果及奖项等高校自主研发以及外购的无形资产，这类资产就属于知识产权类资产，受法律保护。这项指标能够体现出高校师生在高校中积累的知识财富，在高校无形资产总量中占据很大的比例，是高校无形资产中的重要组成部分。这项指标的分数越高，说明该高校的教学科研水平越高、办学质量越好、无形资产的管理体制也比较完善。

政府授权类资产（A3）——指由政府特别授予或颁发的权益或奖励，代表着政府的肯定和重视，也说明了高校管理工作受到政府的认可，管理成效优异。人力资源类资产（A4）指高校雄厚的师资力量和优秀的学生团体，他们是高校发展的根本，源源不断地为高校的发展注入新鲜的血液，高素质、高质量的师生团体能够提升高校的知名度。对于高校来说，人力资源类资产是各种无形资产形成的源泉，源源不断地吸纳和培养人才，有利于提升高校管理绩效水平。

第三层指标：

全国大学排名（A11）——选取中国管理科学研究院武书连等主持的《中国大学评价》（简称"武书连榜"）、武汉大学中国科学评价研究中心推出的《中国高校竞争力评价》（简称"武大榜"）、中国艾瑞深中国校友会网发布的《中国大学排行榜》（简称"校友会榜"）三者的平均数据。该指标是三种大学排名的平均值，这在全国都比较权威。认可程度越高，排名越靠前，说明大学的管理工作做得越好，管理机制越健全，更能说明无形资产管理水平越高。

全国高职排名（A11）——选取由杭州电子科技大学中国科教评价研究院（CASEE）、武汉大学中国科学评价研究中心（RCCSE）、中国教育质量评价中心和《中国科教评价网》联合研发并正式发布的中国高职高专院校竞争力排行榜数据。该数据在全国都比较权威。认可程度越高，排名越靠前，说明高职院校的管理工作做得越好，管理机制越健全，更能说明无形资产管理水平越高。

毕业生就业率（A12）——指评价学年内毕业生的就业人数占毕业总人数的比例，这一指标能够反映出该校教学水平的高低、学生的层次以及社会对高校的认可度。毕业于该校的学生的职业以及未来发展越好，就越说明该校的学生质量及价值越高，社会的认可度越高，为高校带来的隐形资产越丰富，进而这一指标分数也就越高。

考生认可（A13）——指当年高考录取提档线。录取线越高，说明考生的水平越高，将来才更有机会创造更多的无形资产，才更能被市场认可。

接受校外捐赠（A14）——指高校受到来自社会组织、机构及个人的捐赠，该指标分值越高，证明该高校在社会的正面影响越大，整体价值越高，另外，还能证实其培养的人才能力越高，道德素质越好。

校园文化建设（A15）——是高等学校获一、二、三等奖的项数。该指标比较有针对性，每个省可以根据自己的标准选择能代表该省高校校园文化建设的获奖项数。该指标越大，说明该校越符合该省的校园文化建设。该指标与国家的文化建设相适应，能在一定程度上反映该校的市场类无形资产管理绩效。发明专利数占专利授权数比指评价学年高校有效的发明专利占当年全部有效专利的比例。发明专利指的是某项能够解决某种特有问题的创新性方案。这一指标比例越高，越能说明高校技术的领先，其研究出新技术、新产品的可能性就越大。此外，发明专利也是一项有代表性的知识产权类无形资产。

科技书籍（A22）——指当年科技书籍种数。该指标和高校过去的发展历史关系紧密，也在一定程度上代表了高校的知识积淀和高校未来的发展。

SCI、SCIE 发表数（A23）——指当年该校师生在 SCI、SCIE 期刊上的发表论文数。因为 SCI、SCIE 期刊在国际上比较具有权威性，该指标越大，说明该校的师生及教职工具有的知识水平越高。

EI 发表数（A24）——指当年该校师生在 EI 期刊上的发表论文数。

ISTP 发表数（A25）——指当年该校师生在 ISTP 期刊上的发表论文数。

优秀教材增长率（A26）——指当年优秀教材增长数与上年优秀教材总数之比，其中，优秀教材指教育部推荐研究生、本科生教学用书、精品课程教材、规划教材、优秀教材等。

精品课程增长率（A27）——指当年精品课程增长数与上年精品课程总数之比。

科技合同金额到款率（/%）（A28）——指科技合同到款金额与科技合同总额之比。无论是纵向、横向还是校内科技项目，只有合同金额正常按时按量拨付到账，才能保证科技研究正常进行下去，才能保证科技研究顺利完成。到款率越高，科技研究成功率越高，科技转化后达到的效益才最好。

教学仪器价值增长率（A31）——指当年教学仪器价值增长额与上年教学仪器总价值

之比。政府的拨款越多，该校才能购置越多先进的教学仪器，创造的价值才越多。

当年自主招生数（A32）——指本科推免生人数与研究生推免人数之和

当年学位授予数（A33）——指当年授予学士学位人数与当年授予研究生学位数之和。

当年实际招生数（A41）——指当年实际招收本科生人数与当年实际招收研究生人数之和。

专任教师与教职工比（A42）——指当年平均专任教师数与当年平均教职工总数之比。高校中教职工结构配置是否合理主要看该指标。

博士学位教师占专任教师比（A43）——指博士学位教师数与高校教师总数之比。该值越大，教师水平越高，该校教学水平的保障性越高。

教授职称教师占专任教师比（A44）——指教授职称教师与高校教师总数之比，该值越大，表明高校的教授越多，教学水平越高。

院士占专任教师比（A45）——指院士与高校教师总数之比。该指标有效反映了专任教师中代表某个学科方面最高成就、获得终身成就奖的院士占高校教师比重。该指标为正指标，指标数值越大，代表学校在某科学领域成就越高。

师生比（A46）——指当年学生总数与当年高校教师总数之比。指标数值越大，高校管理水平越高，办学效益越好。

学生人均培养成本（A47）——指当年事业费支出总数与当年学生总数之比。其中，事业费支出＝教学支出+行政管理支出+后勤支出+科研支出+其他支出等，年初学生总数与年末学生总数的算术平均数是当年学生总数。该数值在一定范围内能反映高校的办学水平和实力。

（三）绩效评价方法

无形资产的性质和特点决定了在对其进行绩效评价时，将涉及广泛的内容，评价的程序较为复杂且评价工作有较强的技术性，绩效评价工作漫长而艰巨。能够直接量化高校无形资产管理绩效且获得客观、有效的数据的评价指标较少，大多数评价指标需要在一定性质的语言描述下加以相关的方法手段才能够完成量化。比率量化法、倒扣数量化法、一词量化法等共五种方法是目前最常见的量化绩效评价指标的方法，因这些方法操作简便且实用性较高，所以被广泛使用。量化指标时，需要向多个评价者收集多个问卷调查的结果，再由专家打分，才能得到最终的结果，使用这种取值方式得到的分数客观公正。因此，在无形资产方面，定量指标的评价标准与定性指标相对比更加客观，这一规律同样适用于无形资产管理绩效的评价标准中。

第六章 高校财务绩效管理研究

第一节 高校财务绩效概述

一、高校财务绩效的含义

绩效是组织期望的结果，是组织为实现其目标而展现在不同层面上的有效输出，它包括个人绩效和组织绩效两个方面。在一个组织中，绩效可以分为经营绩效和财务绩效。经营绩效是综合性的，体现为组织目标和任务的达成状况。财务绩效是特定于财务活动而言的，表示的是财务资金的投入与产出之间的关系，即财务活动目标的实现情况。

高校作为一个独立的组织，要想实现其预定的目标，就要依赖于一定的财务活动。以高校财务绩效为例，其具体内涵就是指高校财务活动的效率和效果。高校财务资源的投入与产出之间的比例就是高校财务活动效率的主要关注点。高校财务活动的效果是从结果的角度出发，对财务资源发挥的功能进行评估的，体现的是高校财务资源的运用对实现高校目标的贡献状况。

二、高校财务绩效的特征

（一）多因性

在高校日常的财务活动中，财务绩效的优劣并不是由某一因素决定的，而是受到主客观多种因素的影响，因此高校财务绩效体现出多因性的特征。高校财务绩效既会受到外部环境的影响，也会受到内部工作特征因素的影响，同时还与组织的机制、个体的工作动机等有着密切的关系。

（二）多维性

高校财务绩效的多维性主要体现于在对财务绩效进行分析与评估的时候需要从多个维度或者方面着手，而不能只单一地关注某一个指标。例如，在对某个院系进行绩效考察时，不能仅仅将学生的培养状况作为考察标准，还要将其他多个方面纳入评估范围，如科学研究情况、社会服务情况等，通过对这些指标进行综合评估从而得出最终的结论。

（三）模糊性

与企业有所区别，高校财务绩效通常不能明确地得到测量。高等教育具有多种功能，如政治功能、经济功能、文化功能、社会功能等，由于功能的复杂性和教育过程的长期性，高校财务绩效通常情况下难以体现为具体的指标，因此财务绩效具有模糊性。

（四）动态性

在高校的财务活动中，由于各个部门或者不同个体的绩效会随着时间、具体事务的不同而发生变化，原来较好的绩效可能突然变差，原来较差的绩效也有可能出现好转，因此财务绩效具有动态性。这一特性要求在评估一个人的绩效表现时不能只关注某一时段，应该充分考虑到动态性并且转换思维来看待有关绩效问题。

第二节　绩效评估控制

当前，我国高校人事管理制度改革正在稳步推进。高校教师的管理将按照按需设岗、公开招聘、平等竞争、择优聘任、合同管理、按劳取酬等原则妥善实施。在传统的高校教师考核中，由于考核目的、考核指标体系、考核方法等都不完善，考核结果往往不够准确，难以对高校教师的绩效做出全面、客观、公正的评估。基于此，需要用现代人力资源管理的理论和方法，对传统的考分方式进行优化，采用现代意义上的、能适应现代高校教师管理要求的绩效评估制度，从而促进高校人事制度改革的顺利进行。

一、建立激励机制

从人力资源管理角度来看，绩效是指主体的工作行为和工作产出，"既要考虑投入（行为），也要考虑产出（结果）"。通常而言，绩效是指工作人员完成既定工作任务、达到工作目标的程度。随着人力资源管理理论和实践研究的不断发展，绩效管理与评估理论逐渐成为高校人力资源管理活动的重要一环。然而，高校人力资源管理和企业的特点有所不同，怎样将企业的资源管理办法有机适当地运用于高校，始终是人力资源管理理论界讨论的重点课题。当前，我国高校教师绩效评估管理体系仍未建立，全面系统的教师绩效评估管理工作还没有完全开展，这就使得高校在进行教师绩效评估的时候缺乏系统性和准确性，从而可能对教师的积极性造成影响，最终限制高校的可持续发展能力和核心竞争力的提高。基于此，对当前的高校教师评估体系进行改革，建立能够激励高校教师的科学合理的绩效管理评估体系是十分必要的。

（一）进行高校教师地方绩效评估应遵循的程序

第一，绩效评估指标体系与评估方法的确定。在借鉴企业人力资源绩效评估方法的基础上，通过大量的文献研究，结合专家咨询，建立适合高校教师的绩效评估指标体系与评估方法。

第二，绩效评估活动的实施。通过标准化的高校教师评估量表，由高校人事部门对高校教师进行统一评估。

第三，绩效评估结果的分析与反馈。在对高校教师绩效进行评估后，要及时对评估结果进行分析与反馈。通过对绩效评估结果的分析，由高校人事部门结合各学科实际进行评估的反馈工作，有针对性地制订教师奖惩策略。

（二）制订高校教师绩效评估应遵循的原则

1. 相关性原则

相关性原则是指在构建绩效评估指标体系的时候不能脱离实际，要与高校教师的工作绩效紧密联系。高校绩效评估的目的就是要引导、帮助教师达到自身的工作目标，甚至是实现自己的人生价值。因此，在着手制订高校教师绩效评估体系时，要以高校教师的自身发展和自我价值实现为出发点，对评估指标与教师自身发展的相关性进行充分考虑，从而最大限度地确保绩效评估工作的实施能够有效提高教师的工作积极性。

2. 定量指标与定性指标相结合原则

通常情况下，定量指标是指一些客观的数字、业绩指标等，定性指标是指主观性的指标等，这两类指标都是在对教师工作进行绩效评估时不可缺少的。如果在绩效评估过程中只参考定量指标或者定性指标，就会使得绩效评估参考量不完整，绩效评估结果不科学。在实际的绩效评估中，有些绩效指标只能是定性的，不能以直观的数字进行表示，或者说只能通过其他方式转化为数量型参数，如专家评估打分，因此不能只关注某一指标。定量指标和定性指标是相互补充的关系，定量指标能清晰、直观地表述绩效；定性指标则能从另一个侧面来评估绩效。在绩效评估过程中，要将定量指标和定性指标相结合，使其共同服务于绩效评估。

3. 实用性原则

评估指标的制订要具有实用性。评估指标体系要繁简适中，并且计算方法要简便易行，此外评估指标所需要的数据要尽量易于收集。各种评估所需要的数据应该尽可能地从现有的统计资料信息和审计工作开展过程中获取，或者能够通过专家检查获得，设计各项指标的内涵和外延要具体限定，以方便相关工作人员绩效评估工作的进行。

4. 可比性与全面性原则

在绩效评估制订时，要保证指标体系中的各个指标都可被用来对高校教师的绩效进行测量和评估，包括能对高校教师之间的工作绩效进行横向和纵向的比较。此外，还要确保绩效评估指标体系能够全面、综合反映各种因素对绩效评估的影响。

（三）高校教师绩效评估的特点

1. 绩效目标的双重性

绩效目标的双重性主要体现在高校教师的个人追求上。就大部分高校教师而言，之所以选择教师为自己的终身职业，源于热爱并且想要在这一岗位上实现自己的人生价值。就价值取向而言，实现人生价值是其选择这一职业的最终目的。但是，作为社会的一分子，教师也会对金钱、地位等有所追求，这种价值取向上的双重性就决定了其绩效目标的双重性。一方面，教师要按照自己的职业要求和学校规定，认真完成各项任务，以获得酬劳、职位晋升等；另一方面，教师希望自己的辛勤劳动能够培养出国家需要的人才，从而实现自身的人生价值。

2. 绩效投入与产出的多样性

高校担负着人才培养、社会服务、科学研究等多种职能，与此相对应，高校教师的工作任务也呈现出多样性，包括教学、科学研究、社会服务等。价值偏好的区别对于高校教师工作任务重心的偏向具有决定性作用，从而导致教师工作行为的多样性。例如，某些高校教师十分注重教学工作，他们认为教师最重要的任务就是为社会培养合格的人才，因此教育好学生才是自身价值所在；某些高校教师更擅长也更喜欢搞学术研究，他们能在这一过程中学习和发现各自领域最前沿的知识和技术，从中获得乐趣并且推动这一领域研究的发展；某些教师认为自身的知识应该及时转化为社会生产力，因此他们更乐于联合企事业单位，直接为社会提供服务。高校教师职能和工作任务、工作行为的多样性决定了其绩效产出的多样性，不仅包括教学成果、科研成果、社会服务效果等多种产出，各种产出形式所占的比重也是多种多样的。

3. 绩效产出的难以衡量性

通常而言，高校教师的绩效产出应该通过教学效果、科研成果、社会服务效果等方面表现出来。此外，高校教师个人的政治思想、专业素质、工作态度也能对高校教师的绩效产出进行一定的体现。因此，无论是哪一项绩效产出，都不可以通过简单的量化指标来衡量。例如，在对教师绩效进行评估时，可以以学生的考试成绩为评估指标，但是教师在教学过程中，对学生潜移默化的指导等提高学生综合素质的教育教学成果就很难通过量化的指标来衡量。

（四）高校教师绩效评估的注意点

1. 正确认识绩效评估的目的和主体

现代人力资源管理理论认为，绩效评估不但能够为员工薪酬的分配、职务的升降提供可靠的依据，而且其真实目的是通过评估让员工认识到自身的优势与不足，使员工在今后的工作中取长补短，不断提高自身的绩效，从而提升整个组织的绩效；与此同时，绩效评估还能够为其他人力资源环节提供必要的参考信息，如人力资源规划、员工招聘等。在高校绩效评估中，被评估的主体是高校教师，这类群体属于知识型群体，其最显著的特征就是较强的自主性、个性和创新性，在对待激励的态度上，不仅注重物质激励，还高度重视精神激励和成就激励，而且与物质激励相比，绝大部分教师更加注重精神激励和成就激励。高校在进行绩效评估时，应充分认识到高校教师绩效评估的目的和被评估主体的特点，根据实际情况进行适当的制度设计，并且通过广泛的宣传、讲解，使得高校各部门和广大教职工正确认识绩效评估的目的和意义，共同推动绩效评估工作的有序进行。

2. 科学制订绩效评估指标体系

绩效评估指标体系在绩效评估工作中具有举足轻重的作用，是绩效评估中最为核心的部分。由于上述高校教师的绩效产出具有多样性和难以衡量性的特点，因此绩效评估体系在制订时应尽量具备多样性、完整性。在设计绩效评估指标体系时，要尽量将高校教师绩效产出的各项内容涵盖其中，还要通过定性和定量相结合的方法，尽量设计出完善的指标体系，以实现对高校教师绩效的科学衡量。在制订绩效评估指标体系时，应首先对各项工作进行全面的分析，在对高校教师工作有了科学、具体的分析了解之后，才能更全面地归纳和提炼出绩效评估指标体系应该涵盖的内容。本书认为，高校教师绩效评估指标体系不仅要确定绩效评估的各项指标，还应确定各个指标在整个指标体系中所占的比重。很长时间以来，我国高校教师绩效评估中对科研成果的过于偏重导致了很多问题，本书认为教学效果、科研成果、社会服务效果等的比重应该视高校的具体情况而定。如果该学校以培养应用型人才为主，就应该将教学效果作为主要的参考指标；如果该学校是研究型高校，那么科研成果比重可以稍微高一些。需要特别注意的是，在指标体系制订的过程中，最好能够使得被评估者，也就是高校教师参与其中。现代人力资源管理的实践证明，如果被评估者参与制订评估标准，评估的准确性将会被提高，同时还有利于被评估者更加了解这一制度，在制度实施中予以充分配合。

3. 选择合适的评估方法

评估方法是否正确和整个评估体系的科学性和评估结果的准确性有着直接的关系。从评估维度上来看，当前大多数研究者认为360度绩效评估法是一种较为合适的评估方法。360度绩效评估法又被称为"全方位绩效评估法"，是指评估者选择被评估者的领导、同事、客户、专家等作为评估人，从各自的角度对被评估者进行评估，从而获得对被评估者全方位、多维度的评估。360 度绩效评估法的评估主体多种多样，就高校教师而言，其评估人有领导、同事、学生、本人、专家等。领导是一个部门的掌舵者，其对部门所有教师的情况有比较全面的了解，让领导充当评估人有益于得出更宏观、整体的评估结论；同事是被评估者最亲密的"战友"，他们平时交流最多、沟通最多，相互了解也最多，让同事充当评估人有益于得出更细致的评估；学生是被评估者的教学对象，在教学活动和课后的交流接触中能够最直观地感受到教师的思想素质、工作态度和教学水平等，让学生充当评估者能够使得评估结果更客观；被评估者本人对自己进行评估，能够做到及时反思，对自己有更清楚的了解，从而有益于激励自己取长补短；专家是某一领域的权威，他们有着丰富的实践经验和理论知识，让专家充当评估者能够对被评估者的专业素质、学术水平、教学成果等有更精准的评估。这种 360 度绩效评估方法从采用方式上来看也是多样化的，依据指标内容和评估主体的不同，采取不同的方式。例如，填写绩效评估表、开座谈会、进行演讲、不记名投票、网络评价、问卷调查、与被评估者单独交流等。其中，问卷调查、与被评估者单独交流就十分有利于领导评估，网络评价有利于学生评估，进行演讲有利于被评估者自我评估，开座谈会有利于专家评估等。此外，统一指标内容或评估主体也可以按照实际需要采用合适的、不同的方式进行评估。

4. 建立有效的评估结果反馈机制

绩效评估体系还有一个十分重要的组成部分就是评估结果反馈机制，其与评估的目的能否真正实现有着非常密切的关系。在评估结果生成之后，相关工作人员应该及时将评估结果告知被评估者并与被评估者进行交流沟通，让被评估者认识到自身的优缺点。同时，还应该想办法帮助被评估者充分发挥优势，尽可能地弥补劣势，让被评估者在评估中不断进步和完善，既推动个人工作绩效的提高，也推动整个组织绩效的提高。高校应该将绩效评估结果与人力资源管理的其他环节连接起来，将绩效评估作为"一种师资管理过程"，既是师资规划、培养、晋升等的补充，又是对这些管理过程的检查，从而最大限度地发挥评估的作用。例如，可以将绩效评估结果作为职业生涯管理、进修培训的参考信息，从而帮助教师进一步提高自己的能力、开阔自己的眼界、实现自身的价值。

（五）绩效评估量化

绩效是一个多维度的概念，高校通常生产多重产出并使用不同的单位进行测量，因而高校绩效评估体系通常涉及大量多维的评估指标。因此，绩效评估指标体系及相应的评估方法是全面、客观评估高校绩效的关键所在，它直接关系到评估的科学性、客观性、公正性以及绩效评估实施的效果。指标体系的建立是进行预测或评估研究的前提和基础，它是将抽象的研究对象按照其本质属性和特征的某一方面的标志分解成行为化、可操作化的结构，并对指标体系中每一构成元素（即指标）赋予相应权重的过程。为了使指标体系能够全面反映研究对象的特性，尽可能地做到科学和客观，有必要引入一些量化方法或数学模型来帮助评估指标体系构建并对公共组织的绩效进行评估。

近年来，许多专家和学者在这方面进行了探索，应用数据包分析法、层次分析法、模糊综合评估法这三种方法进行高校绩效评估的实践。这三种评估方法主要存在两方面的局限：第一，指标权重的设置往往带有一定的主观随意性，特别是在专家组成员的选择、专家数的多少以及专家打分等方面仍然存在主观干扰因素；第二，多指标、大样本无疑可以为综合评估提供丰富的信息，但在一定程度上也增加了评估工作的复杂性。每一个指标都从不同的角度和层面反映评估目标的某一信息，而各个指标之间往往存在一定的关系，所反映的信息将产生重叠，导致统计分析失真。而因子分析法则能有效地克服这些局限，对高校绩效情况进行科学的评估。因子分析法是近年来颇为流行的多元变量统计方法。它是用较少个数的公共因子的线性函数和特定因子之和来表达原来观测的每个变量，从研究相关矩阵内部的依赖关系出发把一些错综复杂的变量归纳为少数几个综合因子的一种多变量统计分析方法。人们在对现象进行观测时，往往会得到大量指标（变量）的观测数据。这些数据在带来信息的同时，也给数据的分析带来一定困难。另外，这众多的变量之间可能存在着相关性，使实测到的数据所包含的信息有一部分可能是重复的。因子分析法就是在尽可能不损失信息或者少损失信息的情况下将多个变量减少为少数几个因子，这几个因子可以高度地概括大量数据中的信息。这样，既减少了变量个数，又能再现变量之间的内在逻辑关系。分析时根据相关性的大小将原始变量分组，使得同组内变量间的相关性较高而不同组之间的变量相关性较低。每组变量代表一个基本结构（因子），它们可以反映问题的一个方面或者说一个维度。把几个主因子的方差贡献率作为权重来构造综合评估函数，能够简化众多原始变量、有效处理指标间的重复信息，评估结果就具有很强的客观合理性。

二、高校薪工控制

加强对薪资工作的控制，不仅有利于制约舞弊行为的发生，同时也有利于调动广大员工的积极性以提高工作效率和工作质量。

（一）薪工控制的内容

1. 人事职能控制

任何高校的劳动人事部门均要根据高校的实际情况提出员工规划、工资预算、分配计划及培训办法等。如根据高校现有员工状况及未来发展需要，提出员工规划；根据员工规划、劳动法及其他相关的法律法规、高校工资制度，提出工资总额预算；根据高校员工分布情况及工资总额预算、工资分配制度，提出工薪分配计划和考核奖惩办法；根据员工素质状况，结合具体工作和未来发展规划，提出员工培训计划（包括岗前培训、常规教育、业务技能培训、专职脱产培训等）。上述计划编出后，应由高校最高管理者批准并授权劳动人事部门去执行。高校最高管理者还应授权劳动人事部门指定专人负责工资单的编制工作，指定专人负责人事档案的记录和保管工作，负责员工考核结果的兑现。

第一，劳动人事部门录用新员工时应符合国家有关法律法规的规定及高校发展的需要。劳动人事部门应根据经批准的员工规划，采用适用的招聘方法进行招聘，并拟定录用人员名单，报请高校管理者审批。经批准录用的员工，应由劳动人事部门代表高校与其签订劳动合同。劳动合同应包括的内容有：合同期限、工作岗位、工作条件和劳动保护、工资和福利待遇、奖励和处罚、合同终止和解除的条件、违反合同的责任以及劳动争议的解决办法等。对试用期满后的员工，劳动人事部门应根据测评意见及平时考察情况提出是否正式录用的意见，并报请高校管理者审批。员工录用后，对其岗位和职务的安排，应遵循"人尽其才、人尽其责"的原则。人员录用后，应由劳动人事部门核定工资标准，记入人事档案。有关新进人员的姓名、工资标准、扣除项目及始发期，应立即通知薪资部门，并抄送新进人员所属部门主管。

在员工工资发生变动时，人事部门应将新的资料记入员工档案，并于生效日前通知薪资部门。员工停职，人事部门应将解职通知送交薪资部门。薪资部门的各项工作及编制工资表所列的姓名与工资标准等，均应根据高校所签发的正式文件办理。

第二，员工培训应充分考虑员工素质状况和高校发展规划的要求。新录用的员工，由劳动人事部门根据培训计划实施岗前培训。培训内容应包括高校概况与要求、职业道德、规章制度等。员工的常规教育，应结合高校的具体经营情况和新法规、新规章的要求进行安排。业务技能培训，可根据新材料、新工具、新技术应用需要安排，也可根据转变和提高业务技能的需要安排。对需要进行脱产培训的员工，应经高校管理者批准后，有计划地妥善安排，但必须考虑实际工作的需要，做好接替工作，不能影响正常的工作秩序。高校应该制订鼓励员工主动学习新技术、新知识的措施，以利于全体员工素质与技能的提高。

第三，劳动人事部门应严格贯彻执行对员工的考核办法，并进行实事求是的考核，将考核结果作为奖惩、培养、辞退、晋升和调整工作岗位的依据。高校各部门应根据考核办法，对所属员工按月、按季或按年进行考核，根据考核结果提出奖惩意见并交劳动人事部门。考核结果也应反馈给员工，以利于职工改进不足，发扬长处。劳动人事部门汇总各部门考核情况及要求奖惩的情况，在做适当调查的基础上提出奖惩意见，报请高校管理者审批。劳动人事部门根据批准情况办理奖励事务，对奖金奖励的，由专职人员填制奖金单，交财务部门发放；对升级、升职的，按照具体规定办理并记录人事档案。劳动人事部门在接到要求惩处的申请后，应认真对照高校奖惩办法中的规定，视其是否相符，进行认真调查、听取本人意见、征求工会意见，核定事实后，提出惩处意见，报请高校管理者批准。

劳动人事部门根据批准的意见办理惩处事务，对扣除工资、奖金的，由专职人员填制工资扣款单，交由财务部门扣款，其他处分按有关人事制度规定办理。

第四，劳动人事部门应根据高校有关人事制度办理辞退和离职等人事变动手续。当出现合同中规定的辞退情况时，由员工所在部门填制员工辞退审批表交劳动人事部门，或直接由劳动人事部门填制辞退审批表。劳动人事部门应调查核实有关情况，对照合同中有关条款签署辞退意见，报高校管理者审批。批准后，由劳动人事部门通知员工及其所在部门，按规定办理交接手续及相关事宜，并记录人事档案。对因考核或工作需要的岗位变动，劳动人事部门应填制岗位变动审批表，报管理当局批准后，通知员工办理交接手续，并记录人事档案。员工辞职，一般应由员工向所在部门提出书面申请，劳动人事部门接到转交来的申请后，报管理当局审批，批准后由劳动人事部门通知员工办理移交手续，并记录人事档案。

2. 工资计算控制

任何高校均应建立工资计算制度，选择适合本高校的工资标准和计算方法。工资一般应包括基本工资、奖金及工资性津贴。

工资计算制度主要包括以下各项内容。

第一，工资计算应以考勤结果为依据。因此，各高校应建立健全考勤制度，考勤制度应明确规定各类假期的期限与工资待遇。日常考勤工作应由教师所在部门执行，劳动人事部门应加强检查和监督。

第二，员工请假，应填制请假单，在其部门领导签字之后自行送到人事部门，在审批权限内劳动人事部门直接审批，倘若超出权限则报高校管理者审批，请假获准后，由劳动人事部门通知员工并由考勤人员进行登记。

第三，加班记录及劳动定额完成记录应由员工所在部门领导签字核准后，送交劳动人事部门认可。

第四，工资结算部门根据日常考勤记录，劳动（工作）定额完成记录、请假记录及考核结果的相关记录，按照高校工资计算规定及时编制工资单和计算奖金及各项社会保障金扣款额，经复核无误后交财务部门。财务部门根据员工工资所得，计算代扣个人所得税额、其他代扣款和实发工资，进行相关财务处理。

（二）薪工控制的措施

（1）人事管理职能集权化，由专门部门和人员负责。（2）人力资源计划的制订与其他的组织活动相协调。（3）制订人事和工资的预算。（4）人员的招聘要根据不同部门的实际需要。（5）对重要的职位进行工作业绩的分析、考核与评估。（6）为员工提供适当的培训和发展机会，并将培训和发展的活动记录于单独的人事管理文件。（7）为员工提供适当的福利待遇。（8）由管理层对员工的业绩进行定期的考核与评估，并将考核结果记录于员工个人的人事档案。（9）员工的提升、职务调整和解聘必须经过审批，并记录于员工个人和部门的人事档案。（10）人事档案应妥善保管，以防损坏、遗失和非法接触。（11）组织向养老基金、政府有关代理机构和保险公司所尽义务的情况，应向管理层、外部审计人员和法律顾问进行审查，以保证组织更好地遵循有关的规定，履行有关的义务，并及时调整组织的有关政策。（12）管理层和法律顾问定期对劳动合同进行审查，以保证组织政策得到有效的遵循和灵活调整。（13）制订适当的政策和程序，及时了解员工的意见和要求，并采取有效的措施予以解决。（14）员工工资状况的变动（包括由于雇用新员工引起的工资变化），经审批后，向工资结算部门报告。（15）劳动人事部门和工薪结算部门定期将工资文件和相应的人事文件进行核对。（16）员工的工资以劳工合同或组织政策的形式予以确定，并应经过一定层次的管理人员的审批。（17）工资的扣除项目和扣除标准，由员工个人在有关的声明上签章，以示同意。经过签章的声明应附在员工个人的人事档案上。（18）工资单最好由电算化的工资系统来编制，否则，应由独立的人员来负责。此外，由专人负责将工资单与工资文件进行核对，审核工资单的完整性；该人员同时负责审核从劳动人事部门获取的工资输入文件。（19）若工资以现金支付，应由独立的代理机构负责现金的发放。发放现金工资，可把工资装入专门的工资袋。此时，把现金装入工资袋的职员，不能负责工资单的编制。此外，现金应由两名职员分别点计，两人的点计金额核实一致后，才能装入工资袋。（20）员工领取工资袋或工资支票后，应在收据上签章。（21）为工资支付开立专门的银行账户。（22）工资支票的签发人能同时负责支票的填制。该签发人对有关会计处理和现金管理无须承担责任。如果用签章的方式来签发支票，专用章应由独立的人员来保管，其使用应受到严格的控制。（23）工资支票由工资部门直接发给员工，不经过员工的主管。（24）未领的工资应存入专门的银行账户，或者指派独立于工资部门以外的专门机构或人员负责保管。由于员工生病或出差等原因造成工资在短期内未被领取，该未领的工资可由员工所在部门或人事部门代为保管。（25）在条件许可的情况下，考勤部门最好与工资部门分离。（26）考勤记录与成本核算中的人工成本记录应定期与工薪结算部门的工资核算进行核对和调整。（27）由员工个人填写工时卡和工作量统计单，并由专人进行审核。（28）工薪结算部门应定期进行职务轮换。

（三）薪工控制的重点

1. 人力资源规划控制的重点

（1）人力资源计划须每年、每季更新。（2）人力资源规划是全面性的，需考量升迁、教育、训练、薪资、激励、福利等项目。（3）达到所需可用人力资源的"前置时间"，在做人力资源规划时应予顾及。（4）人力资源如有"几员"，会造成员工劳逸不均与挫折感，应极力避免。（5）员工职业规划的制订，应考虑个别员工的能力、个性等差异，并且具有前瞻性，必要时可采纳员工的意见，以使其对高校产生认同感。

2. 招聘作业控制的重点

（1）招聘和选拔的基本目的是增加选择适当人员的成功概率，因此招聘、选拔方式的选择，要视其个别情况及应用此种方式的可信度及有效度而定。（2）员工均须经审核或测试合格后，方可依规定聘用。（3）人员选拔，除注意学历及经历外，应测验其学识、专业技能，并重视操守品德及身体健康。此外，亦可函询应征者过去服务高校主管的评语意见，作为取舍参考。（4）新进人员招聘和选拔作业程序应依高校规定办理，应征应缴的文件表格须齐备，各阶层人员的任用应依规定的核准权限办理。（5）选拔时，避免主观印象及给予规定外的承诺，双方均应坦诚相向。（6）选择的招聘方式务求客观公正，为高校遴选最优秀的人才。制订的招聘条件须保持适当弹性，当市场人力供应不足时，不妨稍微放宽，人力剩余时，条件不妨稍严。

3. 任用作业控制的重点

（1）经营财、物人员必须有必要的担保手续。（2）按规定办妥一切手续，并建立员工个人基本资料。（3）工资标准依照规定办理。

4. 培训作业控制的重点

（1）职前训练须能帮助新人明确了解高校的组织体系、各职掌、各项管理规章、高校文化，进而迅速适应工作环境，熟悉作业程序，发挥工作效能。（2）训练内容应充实、生动，任何课程均有充分准备。（3）负责安排、设计训练课程的人员或部门必须适当。训练可提升员工的生产力，具有前瞻性，应与高校各项政策相互配合。（4）训练研习计划必须与人力规划密切配合，同时视业务需要，设计适当课程。训练期间尤其应重视考核，并将受训成绩列入人事记录，作为派遣、升迁的重要参考依据。（5）管理者对下属受训的表现应予以指导及协助。

5. 考勤考核作业控制的重点

（1）上班及下班时间，应按时考核。如有迟到、早退或旷工情形，均依高校规定做适当处罚。（2）员工请事假、病假、婚假、丧假、产假、公假及特别休假，均依规定办理。（3）员工请假手续、限制天数、证明文件、扣薪办法等，均依规定执行。（4）绩效评估的目的是协助人力资源决策的制订及员工的发展。（5）评估标准与计算方式应事先告知员工。（6）主管与员工讨论评估结果时，双方均要有所准备。主管对员工的评估回馈应具有建设性，同时对员工应充分了解。（7）各级主管为办理员工考绩，应设有考评记录，考核方式应客观、公平。

6. 奖惩升迁作业控制的重点

（1）各部门主管申请奖励员工事项，应依规定签报，同时具有充分条件及佐证，并定期发布。（2）各部门主管申请惩罚员工事项，应依规定签报，必须经过慎重审议，考虑各项因素后再做适当决定。（3）报请升迁人员应符合高校晋级条件，按规定程序报请核定，并依权责发布。（4）现行晋级办法必须具有鼓励作用，有助于高校提拔人才，提高工作士气。（5）奖惩升迁必须做到公平、公正、公开。

7. 工资作业控制的重点

（1）底薪、津贴、加班费、各项扣（罚）款及各项代扣款，应依高校标准及相关法律规定计发。（2）代扣员工工资所得应依下列规定办理：第一，依扣缴率标准表按月代扣；第二，代扣款逐期报缴。（3）代扣保费应依下列规定办理：第一，依员工所得投保的金额按保险金额表列的等级每月代扣；第二，代扣保费逐期缴送相关高校。（4）工资按上、下两期如期发放，工资表经主管签章后办理发放作业。（5）发放现金的，员工必须亲自领取工资袋，并在"工资领取登记簿"上签名盖章，未领的工资必须做适当处理。

8. 福利作业控制的重点

（1）福利措施应合乎高校的负担能力，并让员工满意。（2）福利工作应确实依照规定执行。（3）福利金收支、账务、出纳必须控制良好。（4）职工福利委员会应定期向员工报告公司福利金的收支情形。（5）福利金支用应避免浪费或不必要的支出。（6）各项福利项目应符合员工需求。（7）各项活动的员工参与度应予以加强。

9. 离职、退休作业控制的重点

（1）员工离职、资遣、退休，应查明有关规定慎重处理。有关员工自动要求离职的，应个别查明原因，采取适当措施，以降低不必要的人员流动率。（2）员工离职、退休，应在高校规定时间内提出申请，办妥手续，并做好工作交接。（3）符合资遣条件时，应查明已无其他可供选择的途径，方可资遣。（4）退休员工享有的权利，除已届龄者外，其余经验丰富、办事得力者应设法挽留。

四、绩效评估反馈流程

高等教育进入大众化阶段后，人们越来越关注高等教育质量，其中，进行绩效管理就是提升高等教育质量的重要方法之一。绩效评估是绩效管理实施的关键环节，其具有非常重要的作用。管理者能够以绩效评估为载体进行人力资源管理，但是绩效评估的最终目的是将组织的目标和个人的目标联系或者整合起来以提高组织的效益。基于此，要想切实实现这个目标就必须将评估结果的处理和运用置于重要的位置上来。本书认为可以通过两条途径对绩效评估结果进行处理：一条途径的主体是高层管理者，实际上就是将绩效分析结果上报给高层管理者；另一条途径的主体是被评估者，即教师本人，就是将绩效评估结果和报告直接反馈给教师个体。在绩效管理过程中，只有高层管理者和教师都积极参与才能实现最终的目标。

（一）高校教师评估目的的特殊性

绩效评估最早普遍用于公司。学者对高校绩效评估的研究也是通过对公司的调查研究得来的。企业是以营利为目的的，追求最大剩余价值是其根本所在，而高校的职能是培养人才、服务社会和科学研究。高校教师绩效评估的普遍兴起是由于高等教育质量逐渐成为社会关注的焦点，实施教学和管理的直接承担者及其教学管理绩效是高等教育质量的关键所在。因为教育有不可逆性，所以高校进行绩效评估的最大目的是保证教育质量，提高教学效果。具体来讲，高校进行绩效评估的目的有以下几点。

1. 使被评估教师认同对其绩效表现的评估以消除分歧和矛盾。

2. 使教师认识自己的成就和优点，从而有利于教师充满信心地弥补缺陷和不足。

3. 通过沟通分析问题出现的原因，并根据学校的发展目标共同确定下一个阶段的任务。

（二）高校教师评估客体的特殊性

高校教师评估的客体是教师。高校教师是一个特殊的群体，与其他部门的员工相比，往往具有高学历、专业性强等特点，在个性、价值观念、心理需求、行为方式等方面具有很多特殊性，具体体现在以下三个方面。

1. 高校教师具有较高的素质

高校教师绝大部分都是受过正规化高层次教育的人，具有较高的学历、开阔的视野、博而专的知识、积极的思维方式、强烈的求知欲望、较强的学习能力以及其他方面的能力素养。

2. 高校教师具有强烈的实现自我价值的愿望

高校教师渴望展示自己的才能，喜欢具有挑战性的工作，而且特别注重他人、组织、团队和社会对自身的评估，希望得到认同与尊重，更看重工作的成就。

3. 高校教师具有较高的创造性和工作自主性

高校教师在除授课以外的时间里，从事的大多是创造性的劳动，依靠自身的专业技能进行创造性的思维，不断产生新的知识成果。他们倾向于拥有宽松的、高度自主的工作环境、有弹性的工作时间安排，强调工作中的自我引导、自我管理和自我调节。

在对高校教师实行绩效管理，尤其是在进行绩效评估反馈时，首先必须考虑到教师这个特殊群体的诸多特点。如果忽略了高校教师的这些特点，高校的绩效管理就达不到预期的效果。

（三）高校教师绩效评估反馈流程设计

1. 专家对评估结果进行分析

评估体系和技巧决定着评估结果的可靠性和有效性。但是在绩效评估的过程中往往会存在一些计划之外的实际问题。那么，在对高校教师绩效评估结果进行处理时，就需要专家对评估结果进行分析，而不是通过简单的比较得出结论。专家通过对信息的加工、整理，得出绩效评估对象（高校教师）的评估指标数值状况，将该评估对象的评估指标的数值状况与预先确定的评估标准进行对比，通过差异分析，找出产生差异的原因、责任及影响，最后形成绩效评估的分析报告。采取专家对评估结果进行分析的措施，一方面是为了尽量确保绩效管理的有效性和可靠性；另一方面可以为教师个体和高层管理者提供组织总体的绩效发展概况，并提供相应的诊断建议。这样，教师个体可以确定自己的工作优势和有待于提高的绩效领域；高层管理者也可以据此对教师队伍进行激励管理，帮助教师制订绩效改进的计划，以实现高校的组织效益。

2. 将评估结果反馈给教师

绩效反馈是绩效管理中最关键的一个环节。管理者应把绩效评估所得到的结果真实地反馈给教师，并清楚解释结果的由来，使教师了解到自己工作的绩效，认清自己工作中的不足，进而制订出绩效改进计划。但是，对很多管理者来说，没有什么事情会比向员工提供绩效反馈更让人不愉快的了，当人们听到对自己不利的消息时，往往会产生自我防卫。绩效结果的反馈是一个难题，也是一个不可回避的问题。每位员工都有其专长，这也就意味着每位员工都有其需要改进的方面。作为管理者，向员工反馈消极信息，和员工谈论他们的不足之处，常常会感到难堪。尤其是高校的管理者，他们面对的是一个特殊的群体，高校教师与其他部门的员工相比往往具有学历高、专业性强等特点，所以往往在个性、价值观念、心理需求、行为方式等方面具有很多特殊性，要想成为成功的高校管理者必须要充分地了解并善于利用这些特点对教师进行管理。因此，向高校教师进行绩效反馈时就必须讲究方法和策略。

（1）管理者必须是真诚的，反馈的氛围是恰当的。在进行反馈之前，管理者要做好充分的准备；和教师商定面谈的时间和地点，选择双方都有比较空闲的时间以确保反馈时双方都能集中注意力，认真对待这件事情，而不是走过场。地点最好是选择比较舒适、放松的环境，如小型会议室、类似咖啡厅的休息地点。最为重要的是管理者要熟悉面谈教师的评估资料，不仅包括他的工作情况，还要包括他的背景、经历、性格特点等。只有对反馈对象有了充分的了解，管理者才可能预测到在反馈过程中可能出现的问题以及应对策略，知己知彼。这种做法也使教职工在反馈前能够做充分的准备，可以引导管理者重新回顾自己的绩效行为、态度和结果，准备好相关证明自己绩效的依据；准备好要向管理者提问的问题，以帮助自己解决工作过程中的疑惑和障碍。

（2）反馈是对具体行为的反馈。在反馈过程中最忌讳的就是说大话、空话、套话，无论是表扬还是批评，这样的话都不会达到预计的效果。例如，"你的表现很出色"这样的话最多只会让听者一时感觉很好，但对以后的工作发展起不到多大的作用；而"你的课堂气氛很活跃，而且有秩序，活而不乱"，听者在听到这样的话时就会回忆起自己上课时的情景和心态，有意识地积累经验，为以后的工作发展打下基础。另外，对消极消息的反馈越笼统，否定的意义越强，听者就会越反感。因此，管理者要针对具体的行为和事实给教师做出具体的反馈，用具体结果支持结论，引用数据，列举实例，这样才能让教师心服口服。

（3）管理者要提高沟通技巧。①沟通是人际关系和谐的必要条件，有效的沟通才能够达到好的效果。如果管理者在绩效反馈过程中没有运用有效的沟通技巧，结果只会适得其反。因此，要达到预期的效果，管理者必须提高沟通技巧。沟通必须以平等为原则，保持双向的沟通。过去管理者和员工的沟通往往是上级找下级谈话，以命令、训斥的方式进行，下级只能是被动地接受。这样，教师的真实想法就没有表达的途径，一些好的建议和意见被压制。只有以平等为原则，才能实现有效的双向沟通，才能使全体教师参与到管理活动中来，教师才能意识到是自己在管理自己，这就迎合了高校教师较强的自主意识。

②管理者在进行绩效反馈时首先应鼓励教师对自己的工作进行评估。通过自我评估，教师能对自己的工作绩效进行认真的反思，从中发现自身的优势与不足。

③少批评多鼓励。绩效反馈的目的不仅是发现教师存在的问题，更重要的是去解决问题。绩效反馈也是管理者对教师进行激励的有效途径。通过绩效反馈，管理者应对教师的成绩给予肯定并表示祝贺；同时，管理者还应该有技巧地提出教师的问题，而不应该直截了当地贬损。通常情况下，当教师意识到自身的绩效问题时都会努力寻求方法改进，如果管理者只是不断地批评，教师会反感，产生防御心理，结果适得其反。少批评多鼓励可以使教师在清楚地认识到自身的不足之后受到鼓励，增加完善自身的动力。

④多问少讲学会倾听。有效沟通的法则是 2/8，即 20% 的时间留给管理者，80% 的时间留给员工。在高校绩效评估反馈中，管理者应该在这 20% 的时间内用 80% 的时间来提出问题，20% 的时间给出自己的建议，甚至是"发号施令"。之所以这样做，是因为管理者通过提问能够引导教师发现自己的问题并做出相应思考，这样能够减少教师的抵抗情绪。此外，一个好的管理者应该是一个好的倾听者，因此要将 80% 的时间留给教师。

⑤管理者要明确沟通的目的在于解决问题。需要特别注意的是绩效反馈不只是为了发现员工的绩效问题，而且是为了就这些问题找出解决途径。因此在管理者与被评估者沟通的过程中，应该将重点放在问题解决上，找出问题的原因，并且针对如何解决问题形成一致的意见。

3. 将专家的分析结果反馈给教师

专家对组织绩效结果的分析能够反映出整个组织的绩效现状，并且能够指出问题和提出改进建议。这就决定了将专家的分析结果反馈给教师既能让教师充分了解当前组织的绩效状况，并且将组织的绩效状况与自身的绩效状况进行对比，发现自己的优势和不足；还能为管理者与教师进行绩效评估反馈面谈提供理论依据。教师可以根据反馈信息提出自己的问题，可以提出相关的建议。这些问题和建议又能够反馈给管理者和专家，继而管理者对这些问题和建议进行综合考虑，专家对这些问题和建议进行分析，从而既为反馈会议的召开做好准备，又有利于促进整个组织的绩效提高。

4. 反馈会议

高层管理者和教师可以通过反馈会议来进行有效沟通。在专家的指导下，高层管理者和教师通过共同改进计划并达成绩效目标的共识，由此使教师的个人目标和绩效改进计划与学校的发展目标和计划保持一致。开展反馈会议要注意以下几点。

第一，要营造舒适放松的氛围并明确会议的目的。在开展绩效反馈会议时，通过调查可知，教师常常有不愉快的经历。因此，在会议开始之前，教师一般会感觉到紧张、不舒适、反感。高层管理者要想在会议中实现双向的沟通，就要首先明确会议的目的，并且营造出轻松舒适的氛围来促进会议的开展。

第二，要鼓励教师表达出关于绩效评估的意见以及自己今后的打算，还可以针对组织目标发展提出自己的建议。高层管理者只有集思广益、优化选择，才能进行有效的绩效管理，同时在这一过程中还能增强教师的主人翁意识和归属感。

第三，要确定具体可实行的改进计划。在高层管理者和教师对绩效评估结果达成共识后，高层管理者和教师需要对达到个人的绩效目标和组织的绩效目标提出具体的改进计划。这样做，一方面，教师可以使自己的绩效改进计划得到领导的支持；另一方面，教师参加到绩效改进的过程中能够增加其对绩效管理制度的理解，有助于绩效管理制度的实施。

第三节　高校科研专项绩效评估

一、高校科研专项绩效评估的原则

（一）经济性、效率性、有效性原则

高校科研专项绩效评估要遵循经济性、效率性、有效性原则，就是指针对财政支出行为及其过程的实际情况进行经济性、效率性、有效性的比较和评估分析，从而对支出的行

为过程、执行的业绩、执行结果的优劣等进行判断。经济性、效率性和有效性是相辅相成的有机整体，不可分割。

（二）定量分析与定性分析相结合的原则

定量分析和定性分析相结合的原则要求以定量分析为主、以定性分析为辅。定量分析以支出项目的财务数据采集分析为基础；定性分析则是通过对项目支出的全面、综合因素进行分析，结合相关专家的意见，和定量分析共同评估支出项目的效果，从而更加合理、高效、准确地反映出支出的实际绩效。

（三）真实性、科学性、规范性原则

真实性是保证财政支出绩效评估公正客观的基础；科学性是以项目的实际情况为主，兼顾国家、国际比较标准，将预算标准和实际相结合，普遍适用和个别选择相结合，充分考虑财政支出的特点和运作过程，以真实反映和衡量不同资金使用受益单位（部门）管理和使用财政资金的能力；规范性是评估行为和结果始终贯穿和反映财政资金运作的全过程，强化、规范公共支出项目的选项、审批、监管、审核功能，增强财政资金分配和使用的责任制，使绩效评估对公共支出和预算管理起到激励和约束作用。

二、高校科研专项绩效评估的范围、对象和内容

（一）评估范围

我国高校科研专项绩效评估的范围原则上应当涵盖所有的政府高校科研专项，并对大部分经费实行强制性评估，对于一些规模比较小的经费或特殊经费实行非强制性评估。实行非强制性评估的具体规模标准，可由各级财政部门根据本地区的实际情况确定。具体确定评估范围时，要从实际出发，慎重考虑以下几个方面：一是考虑能否设计出明确的绩效目标；二是考虑评估成本的高低；三是考虑绩效评估操作的现实可行性。

（二）评估对象

高校科研专项绩效评估的对象就是高校科研专项使用者。从目前来看，主要是机构、项目和科研人员等。科研机构的范围较广，应该包括所有使用财政科技经费的公共机构，如政府科研管理部门、公共科研机构（大学、科研院所）等。

科研项目是一个宽泛的概念，可分不同的层次和研究阶段。国家层面的项目如国家高技术研究发展计划、国家重点基础研究计划、国家支撑计划、知识创新工程、国家社科基金、国家自然科学基金等。本书所研究的主要是对纳入国家社科规划、由国家财政资助，

并由国家高等院校组织实施的科研专项，主要包括人文社科类专项和自然科学类专项两大部分。

科研人员的评估，属于科研人力资源评估。凡是使用高校科研专项并从事科研活动的人员都应纳入评估的范围，评估科研人员完成任务的数量、质量、科研水平、能力、贡献等。

（三）评估内容

根据国内外评估研究和实施工作经验，高校科研专项的绩效应包括以下五个方面的内容。

1. 适当性

适当性是指专项的目标是否符合国家经济社会发展的总体目标，是否具有紧迫性。主要评估内容包括专项目标和国家经济社会发展目标的相关性；专项目标设置的清晰程度和可评估性，包括目标内容是否清晰、边界是否明确、是否有具体的考核指标；课题设置与专项目标的相关性以及课题设置的协调性。

2. 经济性

经济性是指用最低的成本获取一定质量的资源，如人员、厂房、设备等。它用来衡量资金使用是否节约，主要评估内容包括获取专项研究开发活动所需资源的成本是否合理，实际经费是否超出预算，资金使用和管理是否合法合规等。

3. 效率性

效率性是指专项资源投入与产出之间的关系，即是否能以最小的投入得到预期的产出水平，或以既定的投入水平得到最大的产出效果，主要评估内容包括资源投入与项目各项活动任务的匹配情况、资源的使用是否存在浪费、活动的实施是否按照原计划进度进行，项目活动的组织管理是否高效等。

4. 有效性

有效性是指专项目标的实现程度及专项实施效果，主要评估内容包括专项目标的实现程度、专项实施的经济效益以及专项实施对技术、产业和经济社会等方面的重要影响。可见，高校科研专项的绩效评估涉及专项的管理、投入、产出，实施的效率和效果、影响以及合规性管理等各个方面。

5. 特殊性

第一，容易导致科学研究的短期行为。不恰当的评估活动必定会给科学研究带来负面影响，如过于频繁的评估给科研人员造成额外负担，不合理的评估指标对研究起到误导作用。尤其是在评估中强调科学研究在短期内出成果，可能会导致科研活动中的短期行为，从而极大地损害科学事业的基础。

第二，科学经费来源的多元性。科学家的研究成果往往不是在某一个资助机构的单独支持下完成的，而是与其他经费来源共同资助的结果。把这种多渠道资助的成果仅作为某一个资助机构的成果指标，显然是不科学的。科学成果的不可分割性也使资助经费的使用无法计量出相应的产出。

第三，科学成果的难衡量性。科学成果有其自身的特殊性，没有什么定量方法可以真正衡量科学研究的质量。研究结果的许多方面无疑是可以量化的，但研究活动中很多最重要的方面却难以用定量指标来衡量，如科研成果的外部效应、科研成果的后续影响性等。

（四）评估方式

评估方式应该根据评估对象和评估目标等具体情况和要求来确定。就高校科研专项的绩效评估而言，可以考虑采取行政评估、专业机构评估、专家评议等多种方法相结合的方式。

行政评估由财政部组织有关部门进行，并可考虑现有的财政监督职能内增加对绩效评估的要求，扩充绩效评估的内容，逐步使绩效评估成为财政监督工作的重要内容之一。

专业机构评估主要委托社会化的专业机构来完成，财政部门对评估的方法、内容和结果进行审核认定，并对担任评估工作的专业机构进行必要的资格认证。

专家评议法是指该领域或相关领域的专家的评议，即通过一定的方式（如专家意见征询表、专家会议等）征求若干个专家对被评对象的评估性意见，然后对专家意见进行分析与综合。它最早来源于科研领域的同行评议，是国内外科研领域使用非常广泛的一种评估方法。同行评议的定义是："同行评议是用于评估科学工作的一种组织方法。这种方法常常被科学界用来判断工作程序的正确性，确认结果的可靠性以及对有限资源的分配（诸如杂志版面、研究资助经费），公认性和特殊荣誉。"专家评议法已不限于科研领域，所谓专家也不限于科研领域的同行专家，而根据被评对象的特点以及评估活动的需要，包括经济、文化、市场、管理等各相关方面的专家，即这里的专家泛指的是在该领域或相关领域具有相当的专长和学识、具有较高权威性的人员。

三、高校科研专项绩效评估指标体系

（一）高校科研专项绩效评估指标体系设置的原则

科研专项绩效评估指标的建立关系到评估结果的好坏，关系到各科研承担机构项目实施的好坏，良好导向的科研专项支出指标体系对于提升专项支出的效益具有至关重要的意义。因此，在设计科研专项支出绩效评估指标体系时必须遵循一定的原则来严格执行。

1. 相关性原则

相关性原则是指科研专项支出绩效评估的衡量指标应该和政府部门的目标、项目的绩效目标以及评估的目标有直接并紧密的联系，从而保证指标评估体系真正能起到评估科研专项支出实施情况的作用。一旦不符合相关性原则，绩效评估指标不仅不能提高产出和支出效果，还会对支出的方向起到误导作用。例如，投入或产出的衡量相对容易，但是与项目成果目标的相关性存在问题，单纯的投入指标或产出指标就不能很好地反映项目的实际影响。由此可知，在指标体系的选取中一定要牢固遵循相关性原则。除此之外，指标的相关性还能够在整个指标体系内形成一种内部制约的关系，从制度上杜绝数据造假现象的发生。

2. 可比性原则

可比性原则是指对具有相似目的的项目选取共同的绩效评估指标，保证绩效考评结果可以相互比较，使不同项目之间的衡量结果可以相互比较。可比性原则十分重要。首先，不可能对每个项目都设计不同的衡量指标，这样既不经济也不具备可操作性，所以要对具有相似目的的项目进行归类，采用相同的指标进行考核；其次，类似项目之间的比较可以提供较为完备的信息，起到节约成本的作用；最后，可以用于分析项目支出没有达到预期目标的原因，帮助找到解决问题的方法，并对同一领域的其他相似项目进行比较，清理交叉、重复的项目，重新有效分配资金。

3. 经济性原则

经济性原则是指绩效评估指标的选择要考虑现实条件和可操作性，绩效信息的获得应符合成本效果原则，在合理成本的基础上收集信息进行评估。对效率和效果的重视是绩效预算的根本，绩效指标的选取也不例外。由于技术或环境等因素使得一些重要指标收集成本太高，就需要考虑一些评估效果一般但收集成本低廉的指标作为替代。经济性原则还要求指标在满足评估目标的前提下尽量精简，减少指标之间的信息重复，选定的指标应承载尽可能大的信息量，从而降低指标信息收集的成本。因此，设计评估指标体系是为了实际应用，不仅设计者会用，更重要的是要使有关使用部门会用。因此，设计评估指标体系要做到以下三点：（1）评估指标体系要繁简适中，计算评估方法简便易行；（2）评估指标所需要的数据易于采集，适合目前的预算管理水平；（3）各项评估指标及其相应的计算方法、各项数据，都要标准化、规范化。

4. 科学性原则

科学性原则是指所选择的指标应概念准确、含义清晰，指标体系内各指标之间相对独立。科学性原则是绩效评估指标体系在实施中有效发挥作用的基础，坚持概念的客观性，使不同的评估主体对同一概念有相同的理解或评估者和被评估者之间对指标的概念、含义有共同的认识，减少评估过程中的冲突，提高评估效率。指标体系内各指标的相对独立是为了保证指标体系对项目的评估可以提供最大的信息量，也使得某个指标出现失误不致影响到其他指标的作用。

（二）高校科研专项支出绩效评估指标分类

1. 绩效目标指标

绩效目标指标通常包括：科研专项支出目标描述的明确性，绩效目标制订水平（合理性、明确性、可考核性等因素），界定绩效责任的明确性。

2. 投入与支出指标

投入指标是科研专项绩效评估中比较明确和易于测量的指标，包括资金、人力、物力、时间等资源的投入与支出情况，其中资金是重点。产出这里仅指科研专项投入的直接产出，长期的、潜在的结果不在本部分体现，产出的衡量一般通过比较明确和易于测量的指标来确定。

3. 结果和影响指标

结果包括科研专项支出的间接社会效益和长期结果及影响。一般而言，所资助科研专项的长期影响是一种长期的效果，社会效益是项目实施后的正效应，这些均难以通过比较明确和易于测量的指标来反映，在操作中存在一定的难度。

4. 执行效率与管理指标

一方面要反映科研专项资源配置的效率和资源利用的效率，包括科研专项资金分配布局的合理性、绩效的结构合理性、资金使用的经济合理性、投入产出比等；另一方面要反映科研专项承担主体在承担科研专项研究的过程中所体现出的经费管理水平、制度规范化等内容。

（三）不同科研专项绩效评估指标的选择

按照科学研究的对象分类，可以将高校科研专项分为自然科学和人文社会科学两大类。因此，在进行科研专项支出的绩效评估时，还必须充分考虑到学科差异性，针对不同的学科设计不同的评估体系。

1. 自然科学类科研专项绩效评估指标体系

自然科学是研究自然界的物质形态、结构、性质和运动规律的科学，自然科学的主要产出在于客观性的、不以人的意志为转移的规律。自然科学是无国界的，并且多以理、工科类科研专项居多，因此，在设计自然科学类科研专项绩效评估时，应当充分考虑到自然科学的特点，多侧重于可衡量的产出指标，包括经济产出指标和科研创新指标等内容。

2. 人文社会科学类科研专项绩效评估指标体系

人文社会科学是指以社会现象为研究对象的科学，如政治学、经济学、军事学、法学、教育学、文艺学、史学、语言学、民族学、宗教学、社会学等。其任务是研究并阐述各种社会现象及其发展规律，其产出多是关于人类社会运行与发展的系统知识和理论，使人类能够更好地、更有效率地管理社会。因此，在设计社会科学类科研专项绩效评估指标体系时，必须侧重于专项投入的结果、影响指标。

第四节　高校财务绩效与管理制度创新

一、财务绩效与高校管理制度创新的原则

（一）提高绩效的原则

提高绩效原则是指在高校管理制度创新中把办学效益的提升作为一个标准。高校管理制度作为一种规则，其最基本的功能是规范和约束高校活动，保障高校各项活动的正常运转。任何制度都有一定的绩效，高校管理制度也不例外。高校管理制度可以体现为内部绩效和外部绩效。高校管理制度的内部绩效就是这些管理制度规范和约束管理活动的程度，即降低高校管理的交易成本，提高高校管理活动的协调性和有序性。高校管理制度的外部绩效是这些管理制度在保障高校管理活动中的有效产出，如高校的人才培养、科学研究和社会服务情况。高校管理制度的内部绩效是外部绩效的基础和保障，高校管理制度的外部绩效是内部绩效的逻辑归宿。

（二）激发潜在活力的原则

大学的活力使其能够适应不同社会、不同国家，大学已经成为当今世界的一种普遍组织现象和社会现象。大学的活力主要源于三个方面：（1）源于大学的理念。理念是大学的活力所在，当一所大学能够坚持其理念时，大学的活力就强；当一所大学失去所具有的理念时，大学就失去了其存在的意义，活力自然也就丧失。（2）源于大学组织内部各子系统之间的关系，包括行政与学术、教学与科研、学校与院系、教师与学生等方面，只有各系统之间能够协调一致共同服务于高校目标时，高校的整体活力才得以体现，而这依赖于学校的管理制度。（3）源于大学和外部环境的关系，包括高校与政府、高校与市场之间的关系。高校能否处理好各种关系，坚持自主办学的原则，也关系到其活力状况。

从高校管理制度来说，提高大学活力的核心就在于通过系列的激励机制，形成创新的制度新环境，使高校内部的各个系统迸发活力，进而完成大学所应有的使命，这是经实践证明的课题。唯有以此为原则构建发展战略与微观设计，才能实现高校的又好又快发展，实现人才培养、科学研究、服务社会的辩证统一。这不仅可以顺应时代的强劲呼唤，而且也是促进高校全面协调和可持续发展的重要手段。

（三）优化资源配置的原则

从教育领域来说，资源配置的实质就在通过科学的战略管理、合理的规划方案，解决教育服务的产出规模、结构和办学效益等问题。结合上述标准，高校的教育资源配置大致分三个层次：

（1）宏观层次方面，国家通过一定的体制和运行机制，统筹安排有限的高等教育资源并将其分配于不同区域；（2）中观层次方面，一定的区域再将本区内稀缺的高等教育资源在本区高校间进行分配；（3）微观层次方面，高校内部对其自身拥有或控制的教育资源进行再分配。其"优化"的核心就是在高校内部资源的利用过程中把握战略重点、重整资源的配置格局，通过采取相应的方案、措施和方法，使资源从低效益的系统向高效益的系统流动，从而提高教育资源利用效益。

二、财务绩效视角下高校管理制度创新

（一）高校财务管理制度创新

高校财务管理是对高校财务资源进行协调配置的过程。根据不同规模，我国高校目前普遍实行的财务管理有"统一领导，集中管理"和"统一领导，分级管理"两种形式。

高校财务管理制度创新，就要结合"统一领导，集中管理"和"统一领导，分级管理"两种形式，实行"统一领导、资金集中、分级管理、内部核算"的财务管理体制。在这种新的财务管理体制下，学校保留统一的财务决策权，即制定学校财务政策、财务规章制度、经费分配政策的权力。同时，按照财权与事权相结合的原则，将部分财权下放给学院分级管理。学院对经费使用进行核算，接受学校对资金使用的全面监督。学校财务管理实行分级管理，必须相配套地推进绩效预算管理，利用绩效预算管理作为学校管理的主线，结合绩效目标实现对全校财务工作的管理和领导，在分解绩效目标的基础上引导院系合理安排使用经费。这种绩效预算管理模式的目的是以绩效目标的实现为引导来提升学校财务绩效水平。

（二）高校人才培养制度创新

人才培养是高校的核心使命之一，也是高校的基础性功能，高校人才培养制度则是高校人才培养工作中所涉及的一系列规章和规则。人才培养始终是大学的第一要务。培养高质量、创新型人才，需要创新培养制度，使学生能够最大限度发挥学习潜能，激发其创新欲望，培养其创新能力。

我国高校在人才培养模式方面不断进行探索，提出了一系列有利于人才培养的思路，

这些思路要通过制度化固定下来。这包括：从制度上实行本科生的大文大理培养，从制度上根除专业化弊端；建立专业方向的自由选择制度，使学生根据自己的兴趣开展学习；通过完全学分制和有充分选择性的课程制度，使学生能自主地根据个人实际完成学业；建立各种实践制度，让本科生参与到科学研究之中；建立个性化培养制度，培养各类创新型的个性化人才。

（三）高校科研管理制度创新

科学研究就是知识生产的过程。高校科研管理是对科研过程中的主体和客体进行协调和约束，以提高科学研究水平的过程。目前高校科研管理工作基本由科研处负责，而科研处对高校的科研管理在很大程度上仅限于"被动管理"，即上请下达，按要求组织项目申报、检查、总结、验收、鉴定和报奖。这种管理模式已不适应当下促进学术创新、技术创新的要求，其中有高校管理机制的问题，也有科研管理自身的问题。

高校科研活动的日益发展要求更精致的科研管理为其指引方向和提供服务，如何创新科研管理理念、模式、方法，提高科研管理水平是高校科研管理工作者需要不断探索和实践的问题。科研管理制度创新要重新界定科研管理部门的岗位职责。科研部门应当深入审视自己的管理范畴与管理职责，从自身的岗位设计开始，履行好科研管理的职责，真正做到全校科研工作激励者的角色。科研激励制度可以从三个方面进行：面向科研成果的激励制度建设、面向科研过程的激励制度建设、面向科研环境的激励制度建设。

第七章　高校内部控制研究

第一节　高校内部控制概述

一、内部控制的产生与发展

内部控制发展的第一个阶段为内部牵制阶段。据史料记载，在古埃及、古希腊、古罗马时期，内部牵制就被广泛应用于国家治理。管理者主要通过人员配备、职责划分、业务流程和簿记系统等来实现内部牵制，这样可以有效地防止错误和舞弊，并保护组织的财产安全，从而保障组织的有效运转。

20世纪40年代至70年代，内部牵制思想与古典管理理论相融合，内部控制发展进入第二个阶段，即内部控制制度阶段。之后，随着资本主义经济的发展和会计体系的成熟，内部控制的管理思想和实践应用逐步制度化。1949年，美国注册会计师协会所属的审计程序委员会，首次正式提出了内部控制的定义：内部控制包括一个企业内部为保护资产、审核会计数据的正确性和可靠性、提高经营效率、坚持既定管理方针而采用的组织计划，以及各种协调方法和措施。

20世纪80年代至90年代初，内部控制发展进入第三个阶段，即内部控制结构阶段。美国注册会计师协会于1988年提出了"内部控制结构"的概念，并指出"企业内部控制结构包括提供为取得企业特定目标的合理保证而建立的各种政策和程序"。公告中还具体提出了构成内部控制结构的三个要素，它们分别是控制环境、会计制度和控制程序。在这一阶段，人们开始认识到控制环境的重要性，注重管理者对内部制度的认识、态度，并首次将控制环境作为内部控制结构的构成要素。

内部控制发展的第四个阶段，是内部控制整合框架阶段。在这一阶段，人们深化对控制机制的研究，并将它内化、整合为一个有机的框架。内部控制的三个目标是"经营的有效性和效率、财务报告的可靠性和法律法规的贯彻实施"。内部控制整体框架主要由控制环境、风险评估、控制活动、信息与沟通以及监控五个相互关联的要素构成，这些要素从管理当局运营的业务中衍生出来并整合在管理过程中。其中，环境控制是影响内部控制其他要素的基础，其包括治理结构、内部组织机构设置、组织内部的权责分配、领导的管理哲学和经营作风、员工的职业道德和胜任工作能力等。风险评估指在既定的目标下，评估控制目标实现过程中的不确定性因素。风险评估包括目标设定、风险确认、风险分析和风险应对。活动控制指组织为有效开展必要的活动，对经济业务确立和执行的控制政策与程序。活动控制的具体内容包括职务相互分离、关键岗位和关键人员控制、实物资产控制、会计系统控制和信息处理控制等。

信息与沟通指围绕内部控制其他构成要素而建立的信息与沟通系统，包括在经济业务发生后要进行确认和记录、采用科学的价值计量方法进行计量、在财务报告中合理反映。监控是指对整个过程的监督、评价以及必要时采取的修正措施。监控既包括单位的日常管理监督活动，也包括对单位与外部组织和团体进行信息交流的监控。

2004 年 9 月，将全面风险管理定义为："全面风险管理是一个由企业的董事会、管理层和其他员工共同参与的，应用于企业战略制定和企业内部各个层次和部门的，用于识别可能对企业造成潜在影响的事项，并在其风险范围内管理风险，为企业目标的实现提供合理保证的过程。"根据 ERM 框架，内部控制包括三个维度。第一个维度是企业的目标，包括战略目标、经营目标、报告目标和合规目标。第二个维度是全面风险管理要素，其增加了三个新的要素，分别是目标设定、事项识别和风险应对。目标设定是指组织的管理者要采取恰当的程序来设定风险管理的目标，以此为基础，才能识别影响目标实现的潜在事项并采取措施应对风险。事项识别是指组织要识别可能产生影响的潜在事项，这些潜在事项既包括给组织带来风险的事项，也包括给组织带来机会的事项，还包括给组织同时带来机会和风险的事项。风险应对是指管理当局选择一系列措施使风险与企业的风险容忍度相适应，风险应对的措施包括风险回避、风险承担、风险降低和风险分担等。第三个维度是主体层次，包括集团、部门、业务单元和分支机构四个层面。

从三个维度的分析来看，内部控制首先是公司层面的内部控制，即所有者要建立完善的治理结构，理顺组织内部的责、权、利关系，并建立科学的组织架构，通过各项规章制度在组织内部达到权力的制衡。为实现组织目标，所有者对经营管理者要通过多种方法进行激励和约束，促使他们科学决策和努力工作。其次是业务层面的内部控制，即经营者通过对各项具体业务过程的管理和控制，提高组织的管理效益和效果。

二、我国的内部控制规范体系

2006 年，我国财政部发起成立内部控制标准委员会。2008 年发布了《企业内部控制基本规范》，该文件提出内部控制是由企业董事会、监事会、经理层和全体员工共同实施的，旨在实现控制目标的过程。《企业内部控制基本规范》构建了以内部环境为基础、以风险评估为环节、以控制活动为手段、以信息沟通为条件、以内部监督为保证的五要素框架。2010 年我国又发布了与《企业内部控制基本规范》相配套的应用指引。

2016 年 4 月，为推动部属各高校进一步完善内部控制，提高内部管理水平，教育部办公厅发布了《教育部直属高校经济活动内部控制指南（试行）》，该指南分为内部控制实施指南、内部控制应用指南和内部控制评价指南三个部分。该指南要求各高校根据管理工作实际，参照指南要求，尽快组织和部署相关工作，确保 2016 年完成内部控制的建立和实施。

与此同时，我国的政府会计改革工作也在积极开展。2014 年 12 月，国务院批转了财政部《权责发生制政府综合财务报告制度改革方案》，对我国建立权责发生制的政府综合财务报告制度做出了详细规划。2015 年 10 月，财政部正式发布《政府会计准则—基本准则》，该准则从 2017 年 1 月 1 日起实施。2016 年 7 月，财政部又先后颁布了规范行政事业单位对于存货、投资、固定资产和无形资产核算的四项具体准则。政府会计制度的改革和新会计准则的颁布，为高校等行政事业单位内部控制的建立与完善奠定了坚实的制度基础。

第二节　高校财务内部控制现状及成因

一、内部控制与风险管理的关系研究

内部控制和风险管理的关系如何？目前有两种不同的观点，部分学者认为，风险管理包含内部控制，两者是包含和被包含的关系。

还有部分学者认为，内部控制与风险管理在本质上是协调统一的。从语义上说，内部控制就是控制风险，控制风险就是风险管理。因此，内部控制和风险管理是控制风险的两种不同语义表达形式。有学者指出："虽然两个框架的名称不同，但是它们所规范的对象都是风险""内部控制和风险管理是同义词，不存在包含关系。内部控制是从管理职能上来讲的，强调控制职能的发挥；风险管理则是从控制对象上来讲的，强调风险控制的重要性。二者含义相同"。经济学博士李维安、戴文涛研究了公司治理、内部控制和风险管理三个概念的关系，他们认为，内部控制包含公司内部治理、管理控制和作业控制三个层级，公司内部治理的对象是公司治理风险，特别是公司所面临的战略决策风险；管理控制的对象为公司的经营管理层，要防范公司因经营管理决策失误所导致的经营风险和因负债所导致的财务风险；作业控制的对象为具体从事生产经营工作的公司管理层和员工，要防范公司发生的经济业务或事项中的作业风险。根据以上分析，他们提出，内部控制和风险管理是控制风险（或风险控制）的两种不同语义表达方式，并不存在本质上的区别。

笔者认为，内部控制和风险管理存在着密切的联系，两者的联系表现在以下四个方面。

（一）从内部控制理论的发展历程来看

内部控制的内涵和外延不断拓展，从最早的会计系统层面发展到企业控制的操作层面，再拓展到企业的整体层面，从最初的授权、实物控制和职责分离等控制活动发展到全面风险管理。全面风险管理继承了内部控制的内涵，并将其不断深化。

（二）从内部控制的"五要素"和全面风险管理的"八要素"含义来看

内部控制和风险管理的控制活动是风险管理将控制活动提前，侧重于围绕目标设定对风险进行识别、评估和应对处理，如果能站在战略层面将内部控制中的"风险评估"要素进行扩展，将内部控制对象扩展为风险，则内部控制和风险管理的主要内容是一致的。

（三）从管理的手段和方法分析

内部控制和风险管理所采用的管理手段和方法有许多是类似的，风险管理涵盖了内部控制的所有内容，适当的内部控制能够将企业的风险降低至可接受的水平。

（四）从内部控制和风险管理演进路径分析

内部控制和风险管理从不同的路径共同到达了全面风险管理的阶段。内部控制和风险管理都受到目标驱动，组织中的每个人都对内部控制和风险管理的工作负责。内部控制和风险管理都是动态的过程，两者都与企业经营管理过程相结合。

二、公司治理与内部控制的关系研究

要研究高校治理与内部控制的关系，我们可以先借鉴公司治理与内部控制两者关系的研究成果。目前学术界对公司治理和内部控制的关系，主要有以下三种不同的观点。

（一）内部控制是公司治理的基础

由于存在委托代理关系，股东和经理人员的利益并不一致，公司治理的核心问题就是要控制经理的自主权，并使之与股东的利益一致，这就需要在公司建立有效的内部控制制度。因此，"加强内部控制制度是建立健全公司治理的重要措施，撇开内部控制这一具体范畴去研究公司治理，得到的结论将非常空洞""要把内部控制看作实现公司治理的基础"。

（二）公司治理是内部控制的环境要素之一，是内部控制的前提

内部控制框架与公司治理机制的关系是内部管理监控系统与制度环境的关系。如何营

造一个良好的控制环境以使内部控制有效运行？唯有强化公司治理，才能净化控制环境。公司治理是最根本的内部控制，如果没有公司治理，内部控制就如同没有根基的大厦。

（三）公司治理与内部控制相互嵌合

公司治理和内部控制两者存在着相互交叉与重叠的区域，同时在实际运行中彼此也存在着很强的关联性，两者是你中有我、我中有你的关系。离开公司治理结构，内部控制就没有完整性，当然也就不可能取得内部控制方面的成功；同样，公司治理结构也离不开内部控制制度，如果没有完善的内部控制制度做支撑，公司治理结构所追求的公平与效率必然会落空。组织管理和控制的漏洞根源集中在"权力的行为"上，即原本最需要推行严密管理和控制并应对此负责的权力层，恰恰是管理控制漏洞的制造者。这种控制上的"监守自盗"，正是效率低下、管理混乱的病根。

三、高校治理与内部控制的关系研究

高校属于行政事业单位，具有许多与政府、企业等其他社会组织同样的特性，同时，高校作为学术性组织和公益性事业单位，又有其自身的运行规律。我们认为，同公司一样，高校的内部控制缺陷不仅是内部控制自身的问题，还与高校治理的问题有关，离开高校治理，很难深入探究我国高校内部控制的完善路径，因此，下面我们先分析高校治理与内部控制的联系与区别，然后重点研究高校治理与内部控制的互动。

（一）高校治理与内部控制的联系

高校治理和内部控制彼此间存在着很强的联系，这种联系主要体现在以下几个方面。

1. 高校治理与内部控制的产生具有同源性

高校治理与内部控制都产生于委托代理问题，在委托代理关系当中，由于委托人与代理人的效用函数不一样，委托人追求的是自己的财富更大，而代理人追求的是自己的工资、津贴、奢侈消费和闲暇时间的最大化，这必然会导致两者的利益冲突，没有有效制度的约束，代理人的行为很可能会最终损害委托人的利益，因此，委托代理理论的中心任务是研究在利益相冲突和信息不对称的环境下委托人如何设计最优契约来激励代理人。高校和政府间存在着委托代理问题，我国高校公有产权的性质决定了其存在多级委托代理关系，政府是初始委托人，它为大学提供资产，并做出相应的制度安排，委托一定层级的代理人（高校的党委书记和校长）按设定的目标管理大学。高校内部控制是由高校全体员工共同实施的，为保证单位经济活动合法合规、资产安全和使用有效、提高公共服务的效率和效果的一系列程序和政策。内部控制是为了解决高校经营管理中不同层次管理者之间的委托代理问题，主要是从校长到院长以及下属各执行部门之间的委托代理问题的。因此，高校治理和内部控制虽然产生于不同的背景，服务于不同的目的，但两者具有思想的同源性，即委托代理关系。但是，高校治理和内部控制委托代理的层次是不同的，高校治理产生于两权分离，是基于所有权和管理权相分离的事实而建立的约束、激励和监督机制，试图解决委托人与代理人之间的委托代理问题，而内部控制则是解决组织内部不同层次管理者的委托代理问题的。因此，在存在委托代理关系的前提下，高校治理和内部控制的链接，是决定高校管理效率的关键要素。

2. 高校治理与内部控制存在内在关联

高校治理与内部控制的内在关联主要表现在以下四个方面。

（1）目标上的衔接性。高校的三大职能是人才培养、科学研究和社会服务。高校治理的目的是增强高校活力，提高办学水平，保证高校三大职能的实现。根据《行政事业单位内部控制规范（试行）》，高校等行政事业单位的内部控制目标主要包括保证单位经济活动合法合规、资产安全和使用有效、财务信息真实完整有效防范舞弊和预防腐败，提高公共服务的效率和效果。由此我们可以看出，内部控制目标是高校治理目标的具体化，为实现高校治理的目标，首先必须实现高校内部控制的目标。

（2）控制主体的交叉性。高校治理的主体是从政府以及相关主管部门到高校党委，再到校长委托代理链上的各个节点，其中，校长是核心。而内部控制的主体是从高校校长到各学院院长，再到各执行岗位的委托代理链中的节点，核心也是校长。因此，校长既是高校治理的主体，也是内部控制的主体。

（3）控制手段的一致性。为实现高校治理和内部控制的目标，高校需要采用控制和激励两种方式对职工进行管理。

（4）控制内容的关联性。在高校治理中，决策权、执行权和监督权都要落实到具体的单位和部门，并通过内部控制制度加以规范和管理。

（二）高校治理与内部控制的区别

高校治理与内部控制的区别主要体现在以下几个方面。

1. 两者的实施主体不一致

高校的所有者为国家，每一个人或每类人都不能对高校行使独立控制权，因此，高校是一个典型的利益相关者组织，高校治理的主体包括政府及相关管理部门、高校管理层、教师和学生等。内部控制的主体仅限于高校内部，主要是高校的财务会计部门及相关职能管理部门和高校的教职工等。

2. 两者的内容不一致

高校治理通过相关制度或机制来协调高校与利益相关者之间的关系，以保证高校决策的科学化，并维护各方利益。高校治理的内容主要有高校法人财产权制度、决策制度、内部管理制度和制衡、约束与激励机制以及利益相关者共同治理机制等。内部控制的管理内容主要有不相容岗位相互分离、内部授权审批控制、归口管理、预算控制、财产保护控制、会计控制、单据控制和信息内部公开等。

3. 两者的机制不一致

高校治理的机制主要是约束机制和激励机制，即为实现组织目标，就学校内部的组织机构设置及其各岗位的权力配置、制衡与激励等所做的制度设计，以及对高校与外部利益相关者等关系相协调的机制安排。高校内部控制由预防机制、纠错机制和激励机制三个运行机制共同组成。预防机制是通过优化控制环境，为高校建立良好的风险管理基础，并运用不相容职务相互分离、授权审批等方法建立控制体系；纠错机制是指通过及时制止已经发生的且带来风险的事件，并采用相应的补救措施以防类似事件再次发生；激励机制是指高校对内部控制的实施状况进行评价，制定相应的奖励与惩罚措施。

总之，我们认为，高校治理与内部控制之间既存在差异，又相互影响、相互促进。高校治理是内部控制有效运行的保证，只有在良好的高校治理环境下，内部控制才能真正发挥作用，高校治理如果失败，那么无论内部控制设计得如何完美，它都必将流于形式，无法取得既定效果。另外，良好的内部控制又是完善高校治理的重要手段，有效的内部控制可以规范高校的各项经营活动，保证会计资料的真实和完整，保证资产的安全和完整，确保有关法律、法规和内部规章、制度的贯彻执行，从而促进高校治理的完善。

四、高校治理、内部控制与风险管理

根据以上对高校治理、内部控制和风险管理关系的分析，我们可以将三者的内容整合起来，将其分为四个维度：第一个维度是高校内部控制的四个目标，分别是经济活动合法合规、资产安全和使用有效、防范舞弊和预防腐败，以及提高公共服务的效率和效果；第二个维度是责任主体，包括高校各个层级的管理者，从校长、院长一直到基层管理人员；第三个维度是流程环节，包括高校制订战略计划、组织和协调各项工作，以及执行和完成各项工作与任务；第四个维度是程序与方法，包括全面风险管理的八个要素，分别是内部环境、目标设定、事项识别、风险评估、风险应对、控制活动、信息与沟通、监控。

第三节　国内高校财务内部控制经验

一、国内高校财务内部控制基础性评价体系比较

高校财务内部控制的基础性评价体系包括控制目标、风险评估、单位层面内部控制、

业务层面内部控制以及评价与监督 5 个方面。下面将从其中的单位层面内部控制和业务层面内部控制两个方面对国内 A、B、C 三所大学的财务内部控制进行比较。

（一）单位层面内部控制

单位层面内部控制主要包括组织机构、议事决策机制、关键岗位权责分配、关键岗位人员管理、会计系统控制和信息系统与信息技术控制 6 个方面。

1. 高校的组织机构设置应实现决策、执行和监督之间的制衡机制。在决策机构方面，三所大学都没有单独设置财务内部控制的职能部门和牵头部门，难以实现整体控制效果的正向引导；在执行机构方面，A 大学和 B 大学的设置比较合理，但是 C 大学没有设置独立的资产管理部门，削弱了资产管理的实施效果；在监督机构方面，三所大学均设置完善。

2. 高校的议事决策应建立技术咨询、专家论证和集体研究的机制。在此方面，只有 C 大学制定了相关的控制制度，而 A 大学和 B 大学没有，无法在决策中实现民主集中、科学高效和责任追究。

3. 高校的关键岗位权责分配，要求应重点体现出不相容岗位分离的特征。三所大学均没有单独制定关键岗位工作人员的轮岗制度，仅有 B 大学制定了相关的责任制制度。

4. 高校的关键岗位人员管理直接影响到学校财务内部控制的效果。B 大学和 C 大学都制定有相关的专业人员职业道德和业务水平教育考核制度，但 A 大学在此方面比较欠缺。

5. 高校的会计系统控制主要包括对经济业务活动的确认、计量和报告。A 大学除了制定一般的财务会计制度以外，还制定了独立的内部牵制制度，B 大学和 C 大学则从二级院校方面加强了财务管理。

6. 高校的信息系统与信息技术控制，即将财务内部控制流程融入学校信息系统，以达到减少人为因素影响、保护信息安全的目的。在此方面，B 大学和 C 大学的相关制度比较全面，而 A 大学则缺少相关的制度建设。

（二）业务层面内部控制

业务层面的内部控制主要包括预算业务控制、收支业务控制、政府采购控制、资产管理、建设项目控制和合同管理 6 个方面。

1. 在预算业务控制方面，A 大学和 B 大学有相关的预算管理制度，但是在制度上并没有详细的关于预算的编制目标、执行监控、完成评价、结果反馈等规定。而 C 大学更是缺少预算管理的制度。

2. 在收支业务控制方面，B 大学的相关制度建设比较全面，涉及收入、支出及往来结算等各方面，而 A 大学和 C 大学虽涉及支出方面，但制度包含的支出项目较少。另外，从已有制度的内容上来看，三所大学对支出标准、审核内容、票据控制等方面虽然都有详细的规定，但关于审批权限，只有 A 大学和 B 大学有相关制度。

3. 在政府采购控制方面，C 大学的相关制度建设比较全面，从制度上，C 大学对不同的采购目录和采购金额等都有详细的采购组织、预算与计划、执行过程及验收方面的规定，而 A 大学和 B 大学却只有基本采购管理的相关规定。

4. 在资产管理方面，C 大学对货币资金、实物资产和无形资产都制定有相关的资产管理制度，另外，还就学校的受赠资产制定了具体规定，这一点在国内高校比较少见。而 A 大学和 B 大学则在资产管理制度方面比较欠缺。

5. 在建设项目控制方面，三所大学都存在很大不足，后期还需要从立项决策、招标、实施、验收以及交付使用等方面加强对建设项目的控制。

6. 在合同管理方面，三所大学都缺少相关建设，后期还需要从合同的组织管理、订立、履行、归档等方面加强对此项业务过程的控制。

二、国内高校财务内部控制五要素比较

1. 环境控制

三所大学均比较全面，但相比之下也各有优势：A 大学制定了内部牵制制度，B 大学和 C 大学制定了相关责任制度和专业人员的职业道德和业务水平教育考核制度。

2. 风险评估

三所大学均不够重视，相关管理也未纳入学校高层，而 C 大学虽然制订了相关的廉政风险预警防范工作实施方案，但是对财务风险显然不够关注。

3. 活动控制

C 大学的相关制度比较全面，涉及资产管理、经费支出、政府采购等各个方面，A 大学和 B 大学则有所不足，但 B 大学在往来款项方面的管理制度比 A 大学和 C 大学完善。

4. 信息与沟通

C 大学因为教育事业比较发达，所以其在此方面的相关制度比较全面，而国内其他高校在此方面的建设一般存在比较大的空白。

5. 监控

A 大学和 B 大学的相关制度制定得比较全面，而 C 大学在此方面制定的校内制度比较欠缺，更多的是转发上级主管部门的相关文件。

三、 A 大学财务内部控制指标分析

A 大学 2013 年—2015 年的财务内部控制指标是根据 2013 年—2015 年每年年末的决算财务报表的数据测算得出的，而预算执行控制中的预算收入执行率和预算支出执行率反映

的是对一个预算年度内预算收入、支出在执行中的过程分析，因此以下 A 大学 2013 年—2015 年财务内部控制指标分析并未涉及其在此期间的预算收入执行率和预算支出执行率，仅对其在此期间的风险评估指标、成本控制指标和资产控制指标进行分析。

1. 资产负债率

2013 年—2015 年，A 大学的资产负债率变化不大，说明其积极使用财务杠杆，优化资金结构，财务风险较稳定，资金使用效益较高。

2. 收入增长率

2013 年—2015 年，A 大学的收入呈总体上升趋势，说明其积极通过扩大融资渠道等方式强化收入管理，提升了经费自筹能力，并增强了财务风险的防范和应对能力。

3. 经费自给率

2013 年—2015 年，A 大学的经费自给能力较强，说明其基本能够实现收支平衡，财务运转比较正常，财务风险发生的概率较低。

4. 人员支出比例、公用支出比例

2013 年—2015 年，A 大学的人员支出占事业支出的比例维持在 50% 以上，这符合高校知识密集型组织的性质；而公用支出比例维持在 20%～30%，也属于正常情况。

5. 支出增长率

2013 年—2015 年，A 大学的支出稳中有升，说明其在不断提升教学、科研水平的同时办学成本也随之增加。另外，通过分析影响成本控制指标结果的具体支出项目指向，可以为高校管理者有针对性地调整、改善控制情况提供依据。

6. 净资产增长率、固定资产增长率

2013 年—2015 年，A 大学的净资产和固定资产呈整体上升趋势，说明其办学投入不断扩大，教育事业的发展态势较好，学校的资产增值能力强，资产控制情况较好。

第四节　高校财务内部控制的优化对策

一、意识方面的完善对策建议

（一）强化科学的现代经营管理理念

虽然高校与企业在组织形式、性质等方面有着根本的区别，但在市场经济深入发展的今天，科学的现代经营管理理念对于高校来说同样重要。将科学的现代经营管理理念融入

高校的财务管理，具体表现为成本意识以及资金使用效率意识，强化这些意识能够使高校的各项工作朝着更规范化、标准化的方向进行，帮助推动包括财务管理在内的各项高校管理行为，让高校在越来越市场化的竞争中增强动力，使高校教育事业得到健康、可持续的发展。因此，针对高校人员对现代经营管理理念缺乏认识的现状，高校必须从思想上到制度上强化科学的现代经营管理理念对高校的重要性。

（二）提高高校人员主人翁的责任意识

提高高校人员主人翁的责任意识，做到这一点，一方面有利于消除高校资产所有者缺位的影响，另一方面能够从源头上改善高校人员无计划、无节制配置资金的问题。

二、治理结构方面的完善对策建议

要改变高校行政权力过于集中的问题，必须从改善高校的治理结构入手。目前，高校的党政领导人是高校出资者、所有者（即国家或政府）唯一的委托人和代表管理者，为了防止集权情况的发生，从外部考虑，可以尝试在教育部下设置高等院校国有资产管理委员会，并由其代表高校出资者、所有者对高校资产的管理制定方针和政策、拟订有关的法律法规，做好高校国有资产管理工作，以确保高校国有资产的安全和有效运行。从内部考虑，可以尝试在高校内部设立董事会，董事会成员由上级主管部门委派人员、高校党政领导和高校其他利益相关者共同组成，且可借鉴企业经验，邀请业内专家出任独立董事。董事会将代替目前高校的管理者成为高校的最高决策机构，并成为高校出资者、所有者和高校管理者之间的连接。同理，也可以在校内设立监事会，监督高校管理者的日常管理工作。

总而言之，应从"分权与制衡"的角度出发，达到改善我国高校治理结构的目的。

三、制度方面的完善对策建议

（一）强化预算管理

1. 完善预算管理制度

健全的预算管理制度是预算管理工作有章可循、有法可依的保证。除了制定总的预算管理制度以外，还应该从不同的角度制定其他层次的预算管理制度，如从经济的角度制定适合不同经济业务的预算管理制度，从时间的角度制定短期、中长期预算管理制度等。另外，预算管理制度中还应明确相关人员的责任和权限问题，以实现预算管理的约束作用。

2. 加强高校管理者对预算管理工作的重视

预算管理工作不是哪一个部门的事，而是需要高校各部门的协调与配合，因此，只有高校管理者认识到预算管理工作的重要性，统一思想，并明确各部门的职责分工，才能将预算的编制、执行和评价工作做好。

3. 合理设置预算项目，并强化其经济分析的功能

明确收入项目的来源，将支出项目与高校目前的开支方向相结合，并尽量使各预算项目分级细化，最终达到让预算使用者了解资金来龙去脉的目的。

4. 对预算的编制工作予以规范

首先，加强对工作计划的重视，它是预算编制的基础；其次，采用科学的预算编制方法，提高资金的使用效率；再次，把握好预算额度的控制，使支出在满足需要的同时更有效；最后，预算的编制还应细化，以便于各部门的执行。

5. 建立预算的考评机制

预算不仅仅是使用资金的计划，它也是对资金使用的约束。要实现预算的约束作用，就要建立预算的考核评价机制，促进各部门在预算工作中做到准确编制和严格执行。

高校应该将对各项经济业务的管理纳入预算管理，并按照预算开展，实行以预算管理为主线、以财务控制为核心、以经济业务信息化为辅助的经济业务管理体系。强化高校的预算管理，有助于提高高校资金使用效率，保障并促进高校教育事业的发展。

（二）改善评价管理

财务评价通过有效控制高校财务内部，来实现对其的"再控制"。改善评价管理，首先，要通过了解评价的意义来强化评价意识，以调动高校人员的积极性；其次，要明确评价的目的；最后，通过设计科学、合理的财务内部控制指标分析体系，来完成评价怎么做的问题，并找到有效的解决问题的方法。

（三）建立风险管理

我国高校在风险评估制度上还存在很大的欠缺，要完善这一块，首先，要改变高校人员在计划经济时期形成的观念、思维模式和行为模式，切实树立高校人员对风险的管理意识；其次，要采取有效的风险预测和防范措施，如前文提到的改善高校治理结构，避免因为所有者缺位、管理者利益无关造成的风险责任承担不到位，又比如建立健全高校的风险控制制度、融资管理制度和经济责任制度等，加强财务管理、监控财务风险并建立财务风险预警系统；最后，还要在各项经济业务中采用不同的控制和应对风险的办法。例如，在融资方面，一方面要拓宽融资渠道，通过鼓励校友捐赠、发行教育福利彩票、融资、开办校办产业公司等，改变我国高校目前资金来源以财政拨款为主的局面；另一方面要通过专

业测算来控制举债规模，降低财务风险。在投资方面，充分利用校内外各种共享资源，提高资源利用率，减少重复建设的投入。在增加收入方面，高校同样可以通过资源共享，对外提供服务来增加学校的经营收入，另外，还可以鼓励科技成果的转化，拓展科研收入、产业收入。在控制成本方面，要杜绝浪费，通过有效的财务管理来降低办学成本、增加办学盈余。

（四）加强相关人员的专业素质管理

重视财务、纪检队伍的建设，落实相关人员参加继续教育培训的效果，提高其综合素质，不仅要强化他们在会计、审计方面的专业知识，还要使他们熟悉高校的教学管理、科研管理等相关工作，符合高校财务内部控制工作的需要。

（五）完善人事管理

高校是知识密集型的组织，因此在其办学成本中人员成本比例较大。改善高校的人事管理制度，要本着"按需设岗、绩效考核、优胜劣汰"的原则，一方面要保持结构合理的教职工队伍，充分饱和个人工作量，以最小化的人员成本获得最大化的办学效益，且可以将节约的人员成本投入教学，提高办学效果；另一方面要引入绩效激励机制，推行岗位责任制，并实行岗位工资和绩效工资相结合的分配原则，鼓励多劳多得，提高工作效率。

四、控制与监督方面的完善对策建议

（一）加强对采购与招投标、合同的管理

1. 加强对采购与招投标的管理

（1）体制及运行机制。设立专门的采购与招投标主管部门；建立采购与招投标岗位责任制；根据上级采购与招投标制度制定规范的操作流程。

（2）预算与计划的编制。明确编制要求，规范编制与审核程序。

（3）活动控制。合理确定需求、建立申请制度、规范采购程序；合理选择政府采购与非政府采购的组织形式；合理选择政府采购方式；合理选择供应商。

（4）采购与招投标管理。明确管理的原则和方式，以及招标、投标、开标、评标、中标过程中的主要管控点。

（5）验收管理。制定验收标准，规范验收程序，严格验收手续，规范验收报告。

2. 加强对合同的管理

（1）组织及运行机制。建立归口管理机制及业务流程控制。

（2）订立控制。强调合同的调查及策划控制、谈判控制、文本拟订及审核控制、文本

签署及登记控制。

（3）履行控制。强调合同的履行控制、变更控制、纠纷控制、结算控制。

（二）加强对专项项目经费的管理

1. 加强专项项目管理人员的建设

一方面，专项项目顾名思义一般都具有较强的专业性，可能会需要相关管理人员使用特殊的方式方法或技术来管理，因此，高校应在注重政治素质、管理素质的同时注重专项项目管理人员的专业素质，以有效地发挥其专业管理水平；另一方面，还要加强对专业项目管理人员的培训，使其跟上不断发展的项目专业化程度。

2. 加强专项项目工作流程的规范性

要了解专项项目相关部门的职责范围，清楚专项项目工作的有关规定，明确专项项目工作的基本程序，这样有利于专项项目相关部门加强工作的协调性和提高工作效率。

3. 加强专项项目的投入控制

在决策阶段，要慎重提出专项项目，对其可行性进行充分论证，高度重视投入预算，全面分析经济评价，高质量的决策对减少投入的盲目性有很大作用。在设计阶段，因为专项项目的设计对预算影响很大，所以也是投入控制的关键阶段，这个阶段要在设计中重视专项项目的具体细节，以减少不确定性导致的投入失控；推行限额设计，在保证项目质量的前提下控制总概算。在招投标阶段，要严格根据程序组织招标，认真审核相关文件进行评标，加强合同的管理，按规定履行合同条款，以提高招投标工作的透明度。实施阶段是专项项目投入控制的重要阶段，要做好项目的准备工作、监督项目的进度并及时调整以避免发生不必要的损失。在决算阶段，要高度重视项目的验收工作，避免虚高造价和事后修补。

4. 加强对专项项目的审计

项目审计对高校的廉政建设具有十分重要的意义。项目事前、事中和事后的各项内容的审计，对项目经费的控制至关重要。

（三）严格财务审计工作，贯彻执行财务内部控制制度

与企业相比，高校的财务审计工作还有待加强。工作中要及时发现经济活动中存在的问题，有针对性地进行改进，保障收入、控制支出，实现财务内部控制的目标。一是对高校各部门的财务进行检查和监督，加强对各部门财务的约束力，更好地贯彻执行学校财务内部控制制度；二是强化预算的管理和执行，加强对资金的控制；三是加强对校办公司的投资控制，做到事前论证充分，事后管理严格，加强约束，减少损失。

（四）强化高校内部审计工作的效果

高校内部审计部门的工作对实施高校财务内部控制的监督起着重要的作用。除了要提高审计人员的专业素质以外，高校要积极配合内部审计部门进行相关审计工作，从而加强高校内部审计的执行力度。

（五）发挥校内监督的作用

目前，高校的教职工代表大会等组织，基本上没有起到校内监督的作用。要改善这种情况，首先，要提高组织成员的责任意识、民主意识；其次，需要构建完善的组织制度，提高其决策权；再次，可以建立长效的工作机制，并设立专项工作委员会；最后，完善组织人员培训制度等。

（六）发挥校外监督的作用

要注重校外的监督，一方面我们可以委托会计师事务所等中介机构加强对高校财务内部控制的审计监督；另一方面可以接受上级主管部门对高校财务内部控制的审计监督。

五、信息与沟通方面的完善对策建议

（一）落实高校财务内部控制信息化

随着科技的发展，政务信息化逐渐成为提升管理水平的重要手段，对于高校财务内部控制来说，亦是如此。一方面，将财务内部控制的基本要求固化到信息管理系统，通过信息化手段推动财务内部控制的建设，有利于其落实；另一方面，通过信息管理系统，能够实时反馈财务内部控制实施的效果，实现对高校业务活动客观、及时地控制，推动财务内部控制的有效运行。

（二）改进对高校财务会计信息的披露情况

高校深入、全面的财务会计披露行为，有利于财务内部控制的信息沟通。首先，剔除专业性的影响，对财务会计信息进行通俗化的加工，有利于非专业的利益相关者对高校财务会计信息的解读和使用，扩大财务会计信息披露的范围；其次，剔除孤立性的影响，将财务会计信息与高校的教学、科研、专项建设等联系起来，能使其更有效地反映高校的办学效果；最后，剔除抽象性的影响，增加财务会计信息披露的有用细节，能深化其披露的程度。

（三）深化高校各部门的沟通与协作

要提高工作效率，就要消除高校各部门之间工作的壁垒。改善这一点，需要统一思想，消除误会，加深对其他部门工作的了解，在工作中学会换位思考，深化高校各部门之间的沟通与协作。

参考文献

[1] 王丽莉. 新时期高校财务管理目标的转变及实现路径 [J]. 财经界, 2021 (17): 141-142.

[2] 关群. 浅谈高校财务管理目标的转变及实现路径 [J]. 当代会计, 2019 (22): 76-77.

[3] 宋银佳. 高校财务管理目标的转变及实现路径 [J]. 农村经济与科技, 2019, 303 (14): 58-59.

[4] 宋喜珍, 孙慧玲. 转变高校财务管理目标及其实践探讨 [J]. 消费导刊, 2019 (47): 236, 238.

[5] 杜世海. 高校财务管理目标的转变及实现路径探讨 [J]. 财经界, 2021 (26): 139-140.

[6] 郭鹏. 认清形势, 面向新任务, 努力开创教育财务工作新局面——在中国教育会计学会第八次会员代表大会上的讲话 [J]. 教育财会研究, 2021, 32 (2): 7-10.

[7] 张玉彪. 高校治理能力与过好"紧日子" [J]. 中国农业会计, 2021 (3): 2-4.

[8] 张积勇, 夏秋实, 荣翠芳, 等. 新常态下高校预算管理存在的问题及应对策略研究 [J]. 教育财会研究, 2021, 32 (4): 45-52.

[9] 朱勤丰. 刍议后疫情时代高校更要学会"过紧日子" [J]. 教育财会研究, 2020, 31 (6): 30-33.

[10] 王天怡, 王丹. 现代财务管理手段应用于高校财务管理工作的研究 [J]. 农村经济与科技, 2018, 29 (8): 97-98.

[11] 鲜亮. 企业财务管理视角下的高校财务管理研究 [J]. 现代经济信息, 2018 (7): 252.

[12] 唐悦琪. 新财务制度对高校财务管理影响分析 [J]. 现代商业, 2019 (9): 153-154.

[13] 黄英. 新常态下高校财务管理存在的问题及对策研究 [J]. 中国集体经济, 2017 (07): 120-121.

[14] 胡石香. 高校财务管理工作存在的主要问题及强化措施探讨 [J]. 中国市场, 2011 (09): 98-99.

[15] 余润. 我国高校财务管理改革与创新的思考 [J]. 现代营销 (经营版), 2021 (1): 148-149.

[16] 高丛. 政府会计改革背景下高校财务管理的创新思考 [J]. 内蒙古科技与经济, 2020 (22): 60-61.

[17] 蔡赛容, 雷金英, 柯芳. 我国高校财务管理专业创新创业教育改革研究 [J]. 中国乡镇企业会计, 2020 (8): 219-221.

[18] 王伟. 关于高校财务管理改革与创新的思考 [J]. 大众投资指南, 2020 (14): 181-182.

[19] 唐君君. 政府会计改革背景下高校财务管理创新思考 [J]. 纳税, 2020, 14 (4): 126.

[20] 罗丽丽. 政府会计改革背景下高校财务管理创新思考 [J]. 现代营销 (经营版), 2019 (12): 180.

[21] 韩连华. 政府会计改革背景下高校财务管理创新思考 [J]. 行政事业资产与财务, 2019 (12): 59-60.

[22] 王超. 基于政府会计改革背景下高校财务管理创新的思考 [J]. 管理观察, 2018 (22): 153-154.

[23] 韩雪. 我国高校财务管理改革与创新的思考 [J]. 今日财富 (中国知识产权), 2018 (4): 142.

[24] 骆忠平. 我国高校财务管理改革与创新的思考 [J]. 市场论坛, 2017 (9): 71-72+80.